El Gran Teatro del mundo

☙

El Gran Mercado del mundo

◆ COLECCION FONTANA ◆

Calderón de la Barca

El Gran Teatro del mundo

❧

El Gran Mercado del mundo

Edición y notas
XABIER MANRIQUE DE VEDIA

Prólogo y presentación
FRANCESC L. CARDONA
Doctor en Historia y Catedrático

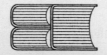

EDICOMUNICACION, S.A.

El Gran Teatro del mundo / El Gran Mercado del mundo

© 1995 by Edicomunicación, S. A.

Diseño de cubierta: Quality Design

Edita: Edicomunicación, S. A.
          Las Torres, 75.
          08033 Barcelona (España)

Impreso en España / Printed in Spain

I.S.B.N: 84-7672-657-0
Depósito Legal: B-3039-95

Impreso en:
Talleres Gráficos Soler
Lluis Millet, 69
Esplugues de Llobregat (Barcelona)

ESTUDIO PRELIMINAR

I) El Hombre y su Mundo

Pedro Calderón y Riaño (por conservar primero el apellido materno), después Calderón de la Barca, vino al mundo en Madrid, el 17 de enero del año 1600. Nace pues con el siglo XVII, cuando en España culmina el esplendor artístico y literario, mientras que paradójicamente se inicia la más espantosa decadencia socioeconómica y política (1588: derrota de la «Invencible» frente a Inglaterra).

Segundón de cinco hermanos, su progenitor al parecer se hallaba encuadrado como hidalgo en el primer escalón de la nobleza, con recursos económicos relativamente limitados, lo que no impidió que Pedro estudiase en el Colegio Imperial de los jesuitas de Madrid y en las más prestigiosas universidades castellanas de la época: Alcalá y Salamanca, si bien no se sabe a ciencia cierta si llegó a graduarse.

A los quince años queda huérfano de padre (quien hacía poco había contraído segundas nupcias) y tiene algunas aventuras galantes propias de su edad. Se le acusa de homicidio, junto con su hermano; ambos buscan refugio en la embajada austríaca o del Imperio alemán, mientras que cancelan la indemnización por aquella supuesta muerte con los dineros procedentes de la parte proporcional de la herencia paterna. A continuación, vulnera la clausura del convento de las trinitarias, prendado quizá de alguna novicia o dama que hubiera decidido retirarse del mundo. De sus variadas relaciones amorosas nacería en 1647 un hijo ilegítimo (de madre no identificada), bautizado con su mismo nombre, que fallecería pronto.

Con la mayoría de edad se niega a abrazar el estado sace
dotal (cosa que terminaría realizando en su madurez). Paral
lamente, inicia el estreno de obras de teatro que alcanzarían
cifra de unas ciento veinticinco, casi todas sin colaboració
salvo unas doce, además de los famosos «autos sacramentales
que llegaría a producir más de setenta.

Sin embargo, tuvo que aguardar al año 1629 para lograr s
primer éxito con la puesta en escena de *El príncipe constant*
Hasta entonces el gran Lope había recibido con elogios
aparición en las tablas del nuevo autor, pero en la fecha citad
Calderón intervino contra un provocador en defensa de s
hermano y en la persecución violó nuevamente un convento o
monjas, al que pertenecía la hija de Lope y del que era capellá
el elocuente Paravicino, quien fue moderadamente satirizad
por Calderón en la pieza mencionada (esto le acarreó algun
advertencia de las autoridades, al tiempo que Lope de Veg
rompía con él para siempre).

Poco le importan estos contratiempos, el éxito no le aba
donará y sus obras son solicitadas constantemente, no sólo pa
las representaciones populares en los *corrales* o teatros de
época, sino para estrenarlas en la lucida Corte de Felipe IV, c
quien logrará su favor real y protección con el encargo de de
dicarse a escribir para la puesta en escena en el Nuevo Palaci
del Buen Retiro, para cuya inauguración realizó *El mayor en
canto amor,* con tal aceptación que se convirtió en algo así com
el autor oficial cortesano (sin que dejara por ello de escribir pa
los corrales).

En 1635, Felipe IV manda la incoación del subsiguient
proceso para el nombramiento de Calderón como caballero d
la Orden de Santiago: la causa dura largos años por necesita
una dispensa papal y no encontrar en su familia pruebas feh
cientes de ascendencia nobiliaria lo suficientemente acusad
para la pretendida distinción. Finalmente, el interés del mo
narca logró vencer todos los obstáculos (como sucedió co
mayor esfuerzo con Velázquez, de familia comerciante) y
escritor obtuvo el premio deseado cuando habían salido a la lu
en Madrid dos volúmenes de veinticuatro comedias en tota

ue recogían la ya famosa *La vida es sueño,* publicada paralela-
ente en Zaragoza en la *Colección de las comedias famosas de
arios autores.*

De 1638 a 1642 Calderón, aunque de edad madura, acude
la llamada de las armas contra el francés (acción de Fuente-
abía) e interviene en la guerra de Cataluña, pero pronto es
cenciado por motivos de salud. Su producción sufre entonces
n eclipse a raíz del cierre de los teatros por disposición oficial,
causa quizá de la crisis total del Estado y de los remordi-
ientos del monarca por la misma. Es probable que fuera en-
onces cuando decidiera ordenarse sacerdote, decisión no exenta
e dificultades por las trabas que entonces se le impondrían
scribiendo, ya que los jesuitas consideraban incompatible todo
o relacionado con los escenarios y la profesión sacramental.
Calderón no se desmoralizó y consultó con el obispo de Alca-
á, jefe de la diócesis madrileña y patriarca de las Indias Occi-
entales. Recibida una respuesta salomónica y obtenida su or-
enación en 1651, ya no escribió más para los corrales, pero sí
ara el Municipio de la capital y la Corte.

Su retrato como clérigo es el que cuadra de lleno con la
magen habitual que tenemos de Calderón, mientras que se
roduce en esta última parte de su vida un profundo proceso de
nteriorización, recogimiento y madurez espiritual, muy propios
el Barroco. En 1653 obtuvo una capellanía en los Reyes
Nuevos de Toledo, cargo que ostentó directamente por espacio
e diez años hasta su instalación definitiva en la Corte, al ser
ombrado capellán honorario.

Falleció en Madrid el 23 de mayo de 1681, a los ochenta y
n años de edad, todavía en plena dedicación a las tablas, ya
que preparaba una comedia en honor de la nueva reina María
Luisa, primera esposa del desgraciado monarca Carlos II el
Hechizado, además de un auto sacramental. Desaparecido
Lope, Tirso, etc., Calderón permaneció todavía en la mayor
arte de la segunda mitad del siglo XVII como única figura de
rimera magnitud de las altas cotas alcanzadas por el denomi-
ado Siglo de Oro español, no ya del teatro, sino de todos los
stilos literarios.

II) Calderón como reflejo de una época

Calderón nace tan sólo dos años después de que Felipe III (1578-1621), hijo y sucesor de Felipe II, ha subido al trono. El cambio de monarca inaugura el nefasto sistema de los *validos* que coincidirá con la decadencia política y socioeconómica española, radicalización de la crisis mayor que se estaba produciendo a escala europea. Curiosamente, la época de oro del pensamiento y de las artes se alcanzan en España cuando la hasta hace poco prepotente monarquía de los Austrias se halla en vísperas de una desintegración (las dos ramas) o de un intento de desintegración casi total en el escenario europeo.

El espíritu optimista y unificador del Renacimiento, sacudido por las fuerzas centrífugas y centrípetas de la Reforma y la Contrarreforma, ha provocado la eclosión del barroco introvertido y contradictorio, pues en apariencia al lado de la mística, de la duda metódica cartesiana, de las interrogantes de un Segismundo calderoniano o de Hamlet, se halla la espectacularidad del baldaquino del Vaticano, por citar algunas de las obras del teatral Bernini, junto con las de su contemporáneo Borromini.

En vanguardia del Barroco europeo se alinea España, ya a partir del primer cuarto del siglo XVII, con el esplendoroso pórtico literario del *Quijote* (1605-1615), las *Novelas ejemplares* (1613), el *Persiles* (1613), el *Polifemo*, las *Soledades* gongorinas, los *Sueños*, el *Buscón*, además de toda la producción poética de Quevedo y lo mejor del teatro de Lope. Todas estas obras y autores va a cerrar con broche de oro —nunca mejor empleada la expresión— Pedro Calderón de la Barca, que anticipa con su grandilocuencia la crítica kantiana del siglo XVIII.

Época inquieta y agitada en la que la variedad y movimiento, dinamismo y pasión, la búsqueda de la realidad del hombre y de la expresión de un estado de ánimo se dará como reacción contra el geométrico, frío, equilibrado y racional estilo renacentista. La espectacularidad barroca atizada por la Contrarreforma encabezada por la Compañía de Jesús, de raigambre hispana, intentará crear conjuntos efectistas que exciten la

iedad de los fieles y les induzcan a la acción; incluso en lo
iusical, es la época en que madura la ópera y en la que músi-
i y teatro aparecen íntimamente unidos.

Además el estilo se presta para construir grandes y lujosos
dificios en los que los monarcas como Luis XIV y los nobles
udieran hacer alarde de su riqueza y poder. Si el Renacimiento
retendió descubrir la Naturaleza, el Barroco supone una des-
onfianza radical en ella. El concepto optimista del mundo es
istituido por el tema del desengaño, el siglo XVII alberga todo
n complejo mundo de desilusión y escepticismo que se ma-
ifiesta en la falta de fe, en la capacidad del entendimiento para
egar al fondo de los problemas. La duda es el punto de parti-
a para superar los interrogantes planteados. Curiosamente,
no o dos años después de que Calderón sintetice en *La vida es
ieño* lo fundamental de la ideología barroca, Descartes inten-
irá salvar las dificultades con el *Discurso del método*.

La vida es sueño colocará una vez más sobre el tapete la
roblemática de la libertad humana, tan discutida por los teó-
ogos de la época.

En resumen, la obra de Calderón serviría para construir
oda una cosmología, una teodicea y hasta una psicología. Las
lusiones a Dios y a sus atributos, a la relación entre vida,
uerte y sueño y la estructura del universo, son constantes. Su
roducción es como un puente tendido entre el pensamiento
eológico medieval, que en España se prolonga hasta el Barro-
o, y la plena modernidad secularizada.

III) Breve repaso a la obra

La actividad de Calderón como autor teatral se inicia alre-
edor de los veinte años con *Amor, honor y poder*. Su consa-
ración tiene lugar en la década de 1630 y culmina a partir de
640, manteniendo el éxito hasta el final de sus días. Parece ser
ue poco antes de morir el propio escritor declara su paternidad
unos ciento diez títulos (salvo los realizados en colaboración
los autos sacramentales), pero como sucede con las otras fi-

guras de la época, es muy difícil establecer una cronología de composición y estreno, e incluso resulta dudosa la atribución de algunas. Entre los temas preferidos, sobresalen los de tipo filosófico, los religiosos, los costumbristas y los de honor.

Su primera obra de importancia es *El príncipe constante* (1629), en la que junto al tratamiento religioso del drama predomina ya la preocupación filosófica por el ya citado problema de la libertad. Drama más filosófico que religioso, en este grupo pueden incluirse la citada *La vida es sueño, La hija del aire, En la vida todo es verdad y todo es mentira, El monstruo de los celos* y *El Tretarca de Jerusalén,* donde se plantea la disyuntiva del hombre entre la razón y su pasión, triunfando ésta de la primera.

Obras de tema religioso que en el Siglo de Oro tuvieron un gran éxito y se denominaron enfáticamente «comedias de santos», fueron entre otras *El mágico prodigioso,* en la que Calderón insiste en el argumento del doctor Fausto que, proveniente de la Edad Media, culminará en Goethe, y al que nuestro autor le dará un tratamiento barroco. Otros dramas religiosos dignos de mención son: *La devoción de la cruz, El purgatorio de San Patricio, Los dos amantes del cielo,* etcétera.

Por lo que se respecta a las comedias mitológicas, desde el punto de vista del avance escenográfico, son junto con los autos sacramentales las que introducen más innovaciones y complejidades. Así, *La púrpura de la rosa* puede ser considerada como la primera ópera española. Hay que mencionar, además, *Eco y Narciso, La estatua de Prometeo, El hijo del sol,* etcétera.

El tema del honor es otro de los grandes argumentos calderonianos. La problemática viene de antiguo, y con Calderón se convierte en un *Deus ex machina* o en la fuerza del Destino que recuerdan las tragedias de la Grecia clásica y, aunque el público sepa de antaño cuál es el final de argumento, son auténticas piezas de suspense. Destaquemos entre ellas: *A secreto agravio, secreta venganza, El médico de su honra* y *El pintor de su deshonra.* En las tres, aunque la esposa no haya sido realmente infiel, la sospecha hace que caiga ineluctablemente la venganza del marido.

Las raíces de los autos sacramentales se hunden en la tradi-
ción cristiana medieval. Ya Lope los revalorizó insistiendo sobre
el tema, pero con Calderón alcanzan una perfección iniguala-
ble. El argumento central es la exaltación del sacramento de la
Eucaristía por medio de la alusión a toda la historia sagrada. El
auto» era encargado por el Ayuntamiento o por la Corte para
er representado en la Plaza Mayor madrileña o en el Palacio del
Buen Retiro, sin regatear los medios técnicos con que contaba
a época. Entre los más conocidos se hallan *El Gran Teatro del
Mundo,* en el que al final el Autor (Dios) juzga a todos los
hombres según el papel representado en la vida, y del que nos
ocuparemos más adelante; *El divino Orfeo, Los encantos de la
culpa, Andrómeda y Perseo, Sueños hay que verdad son, La siem-
bra del señor, El santo rey D. Fernando, La cena del rey Baltasar*
y la adaptación de *La vida es sueño* como auto sacramental.

IV) Estilos y características del teatro de Calderón

El *tema* es el motor de las obras de Calderón, elemento pues
diferente de Lope, que hacía de la acción el eje sobre el que
giraba su inspiración como autor. El propio Lope es un hombre
de acción que vive el cenit del poderío español, mientras que
Calderón, después de su juventud y transformado en un cortesano más, asiste a la impotencia del país que se hunde en el
más espantoso marasmo económico.

Calderón ha prescindido en sus piezas dramáticas de todo
cuanto pudiera frenar la línea directriz argumental bien defi-
nida. Distinto a Lope, el entendimiento domina a la pasión y la
razón justifica brutalmente los motivos del asesinato como
medio de lavar las ofensas. Siguiendo las características del barroco hispano, lo nacional se convierte en razón de Estado. La
solución del problema de la vida y el destino humano se en-
cuentra tan sólo en la religión, único sistema filosófico que nos
permite el entendimiento del mundo. Ningún elemento más
barroco que la escenografía calderoniana, muy distinta de la

relativa sencillez lopesca. Los valores escénicos privan de forma avasalladora sobre los demás, en especial en los últimos años de su trayectoria, y el montaje de sus «carros móviles» con sus diversos escenarios es una de las dificultades que, incluso en la actualidad, presenta la obra de Calderón, quien en su época se vio favorecido por ayudas materiales de toda índole que permitieron dar rienda suelta a sus proyectos. Cualquier lector moderno tendrá que suplir con fantasía e imaginación las explicaciones escenográficas ofrecidas por el exuberante autor.

El gusto por el contraste de luces y sombras y de semipenumbra, característica muy barroca, está presente también en Calderón: *La vida es sueño, El médico de su honra.*

Al adentrarnos en el universo calderoniano percibimos una sensación de inflexibilidad y rigidez, debido a que el esquema construido a priori conmina por completo a los actores, de forma que el resultado final modela toda la trayectoria de los personajes.

De los dos polos, conceptista (Quevedo) y culteranista (Góngora), en los que convergen el barroco literario español, Calderón se inclina por este último, debido a que lo recargado de las formas cuadra mejor para su aparatosidad escénica, lo cual no quiere significar que en toda su producción no se hallen con frecuencia motivos conceptistas. Con la muerte de Góngora (1627) finaliza la polémica entre las facciones preconizadoras de ambos estilos y Calderón no se siente ya obligado a inclinarse, ni por uno ni por otro.

El empleo de metáforas, imágenes y símbolos del Barroco alcanza en Calderón grados insospechados. El dramaturgo juega constantemente con el plano simbólico alegórico y el real, llegándose al paroxismo con la supresión frecuente de este último, como en Góngora. Todos estos artificios contribuyen a crear el adecuado ambiente escénico de misterio, meditación e introspección interior. Recomendamos pues, siempre que sea factible, la asistencia a la puesta en escena de las obras calderonianas antes que su fría lectura, frecuentemente difícil y confusa, cosa que, por desgracia, debido a la falta de representaciones, es casi imposible.

V) El Gran Teatro del mundo

Sabemos con toda seguridad que la obra se representó en 649. El hecho de que se le diera ya entonces el apelativo de viejo», ha hecho pensar a Valbuena Prat que podría datársele n una primera instancia hacia 1645 y con más precisión entre 633 y 1635.

Al igual que el de la equiparación vida-sueño, el motivo central de la obra, vida igual a representación escénica, es ntiquísimo pues aparece ya en la Grecia antigua y Roma en os pitagóricos, estoicos y neoplatónicos. En la *Tabla de Ce-bes* la vida es presentada en un cuadro pintado; el argumento le la obra consiste en explicar el sentido de las figuras de esta intura.

En *Las Leyes* y *Filebos*, de Platón, se habla de los hombres como marionetas en las manos del Creador y de la tragedia y comedia de la vida. Un texto del estoico Epicteto corresponde iteralmente al modo de entenderlo Calderón: «Recuerda que res el actor de un drama tal como lo quiere el amo: corto si lo quiere corto, largo si lo quiere largo; si quiere que hagas el papel le mendigo, de cojo, de soberano o de particular, muestra ca-pacidad para responder bien tu papel; te corresponde inter-pretar el personaje que te ha sido confiado, pero el escogerlo le corresponde a otro».

Séneca, en sus *Epístolas* LXXVI y LXXVII, insiste en el mismo asunto. Seguidamente encontramos el testimonio de Cicerón (*cum in vita, tum in scaena* = como la vida, así es la escena), de Boecio Johannes von Salisbury (en sus *Polocraticus*), e incluso en una comedia de Ronsard (1524-1585).

Lope recoge el tema en *Lo fingido verdadero*. El propio Calderón también alude al mismo en *Saber del bien y del mal*. Asimismo en el *Epicteto* de Quevedo (traducido en 1635) se quiso ver un precedente de la obra, opinión rechazada por Valbuena Prat.

El argumento es muy sencillo. La vida es una comedia en la que sólo cuentan las buenas obras, ya que al final de la misma farsa se desemboca en la eternidad. Son cinco los momentos de la obra claramente definidos, tal como oportunamente indica Valbuena Prat:

El Autor, que es Dios mismo, explica al mundo en el primero, la finalidad que persigue al crear el escenario y los personajes de la representación. En el segundo momento, asistimos a la representación de los actores ante el Autor. Es el Mundo quien se encarga de que cada uno vista la indumentaria propia de su oficio. En el tercer momento, fundamental dentro de la obra, se representa la tragicomedia de la vida en un plano temporal, mientras en un plano intemporal, el Autor, sentado en su trono, en un «día eterno», ve la representación. El Mundo (cuarto momento) despoja de sus vestiduras a los que acaban de actuar y finalmente, en un quinto momento, el Autor premia a los buenos con el Banquete Eucarístico. Todavía en unos últimos versos el Mundo pide perdón al público por las faltas de la representación, cosa usual entonces.

Calderón se vale en la obra del recurso dramático, tan conocido con efectista, del «teatro en el teatro». Ejemplos de ello lo hallamos en Lope: *Lo fingido verdadero;* Cervantes: *Pedro de Urdemales;* Vélez de Guevara, Coello y Rojas, cuya colaboración tripartita dio *La Baltasara;* Shakespeare: *Hamlet;* Tamayo y Baus: *Un drama nuevo;* y Pirandello: *Seis personajes en busca de autor.*

La sucesión de las formas métricas es como sigue: romance, décimas, silva, décimas, romance, dos sonetos intercalados, décima, romance, octavas reales, romance.

Dentro de los autos sacramentales y siguiendo la división del tantas veces citado Valbuena, que a la vez ratifica la clasificación ya realizada por Menéndez Pelayo, *El gran teatro del mundo* es un auto filosófico-teológico, al que hay que añadir en su grupo *El año santo en Madrid, El pleito matrimonial del cuerpo y el alma, No hay fortuna que Dios, El gran mercado del mundo,* etcétera.

Otros autos son mitológicos: *Los encantos de la culpa, El divino Orfeo,* etc.; sobre temas del Antiguo Testamento: *La cena del rey Baltasar, El árbol del mejor fruto,* etc.; inspirados en el Evangelio: *Tu prójimo como a ti, El diablo mundo,* etc.; De circunstancias: *El valle de la zarzuela, Las órdenes militares*, etc.; histórico-legendarios: *El santo rey Fernando, la devoción de la misa*, etc.; marianos: *El hijo del valle*, etcétera.

Los autos sacramentales hunden sus raíces en las formas dramáticas medievales, sólo que entonces aquéllas tenían un claro sentido moral y no dogmático. Pretendían dar normas de vida, más que centrarse en el problema de la fe que trajo a colación el protestantismo y la Contrarreforma del Concilio de Trento. Quizá como primera figura de la pléyade posterior, debamos citar a Juan del Encina y después a Diego Sánchez de Badajoz y Timoneda. Al llegar el auto a manos de Lope de Vega, corrió las vicisitudes del teatro profano. Bastará la aparición del genio calderoniano para llevar a la cima al género. Su preparación teológica y su capacidad de síntesis, unidas a su poder de captación de los motivos poético-literarios del tema, deslumbran al lector actual, al igual que dejaban maravillados a los espectadores de su época, a los que hay que añadir un dominio de la técnica la tramoya y de los «efectos especiales», diríamos en lenguaje actual, que todavía asombran.

Aunque Calderón se viera constreñido por el tema, gozaba de una serie de libertades que difícilmente podía sospechar en otra obras. La acción, como dice Valbuena Prat, es una; cabe todo: simbolismo, pensar profundo, poesía, música y, además todo lo dramático humano: caracteres, pasión, vida... pues alegoría e historia se unen. Sólo un genio reflexivo, pleno de vida interna, teólogo y escolástico como Calderón podía dar forma definitiva al auto.

VI) El Gran Mercado del mundo

Carente de la importancia de *El gran teatro del mundo*, es sin duda una obra de la primera época de Calderón, entre 1635 y 1640, haciéndose notar la similitud de algunos pasajes con *El alcalde de Zalamea*, de 1636, lo que indicaría una datación muy próxima. Sus antecedentes parecen encontrarse en *Mesón del mundo*, una obra de Rodrigo Fernández de Rivera de 1632, aunque la fecha es muy próxima y difícilmente podría haber influido en Calderón.

El auto se compone de una breve introducción y cinco momentos.

En la Introducción, la Fama convoca a toda la gente al Gran Mercado del Mundo, para que allí ferien lo que más les guste.

En el primer momento aparece el tema del auto: el Padre de Familias, como «padre del género humano», siendo los hombres que lo componen elementos simbólicos de los caracteres morales, tanto buenos como malos. El Buen Genio y el Mal Genio van al mercado a comprar algo para complacer a la Gracia, y de su rivalidad surge todo el argumento. El Padre de Familias da a cada Genio un talento y los someterá a una prueba: quien lo emplee mejor tendrá a la Gracia por esposa. El juego de palabras entre *talento*, moneda y al mismo tiempo condición humana, es uno de los elementos más felices del auto.

En el segundo momento la escena se traslada a una venta del camino. La rigen la Gula y la Lascivia, siendo el criado la Culpa. Allí llegan el Buen Genio y el Mal Genio, pero el primero no se queda pues advierte que la Culpa quiere arrebatarle su Inocencia. Sí lo hace el Mal Genio, con resultado conocido.

En el tercer momento se abre el Mercado y todos quieren instalarse en él; en el cuarto momento se realizan las compras y ventas del Mercado, y cada cual gasta sus «talentos» como quiere, unos bien y otros mal.

El quinto momento es el de los premios y castigos, volviéndose a encontrar el Padre de Familias y la Gracia, llegando los Genios (bueno y malo) para demostrar que han comprado. El Buen Genio ha triunfado y recibe su premio. Ambos genios son como el Caín y Abel bíblicos. Al final el Mal Genio es precipitado al infierno en compañía de la Culpa.

F. L. CARDONA

BIBLIOGRAFÍA

Aubrun, Charles, V. «P. Calderón de la Barca», en *La comedia española 1600-1680*. Madrid, Taurus, 1968.

Bandera, Cesáreo. *Mímesis conflictiva. Ficción literaria y violencia en Cervantes y Calderón*. Madrid, Taurus, 1959.

Cardona de Gibert, A. y Fages Gironella, Xavier. *La innovación teatral del Barroco*. Madrid, Cincel, «Cuadernos de Estudio» nº 1, 1981.

Durán, Manuel y González Echevarría, Roberto. *Calderón y la crítica. Historia y antología*. Madrid, 1976, 2 vols.

Fernández Álvarez, Manuel. *La sociedad española en el Siglo de Oro*. Madrid, Nacional, 1983.

Maravall, José Antonio. *La cultura del barroco*. Barcelona, Ariel, 1975.

Orozco Díaz, Emilio. *Teatro y teatralidad del barroco*. Barcelona, Planeta, 1969.

Shergold, N. D. y Varey, J. E. *Los autos sacramentales en Madrid en la época de Calderón, 1637-1681*. Estudios y Documentos, Madrid, Edhigar, 1961.

Valbuena Briones, Ángel. *Perspectiva crítica de los dramas de Calderón*. Madrid, Rialp, 1965.

—. *El teatro español en su Siglo de Oro*. Barcelona, Planeta, 1969.

Valbuena Prat, Ángel. «Los autos sacramentales de Calderón», en *Revista Hispánica*, 1924.

Vossler, C. «Calderón de la Barca», en *Escritores y poetas de España*. Madrid, Espasa Calpe (col. Austral), 1948.

EL GRAN TEATRO

DEL MUNDO

PERSONAJES

El Autor

El Mundo

El Rey

La Discreción

La Ley de Gracia

La Hermosura

El Rico

El Labrador

El Pobre

Un Niño

Una Voz

Acompañamiento

Sale el AUTOR *con manto de estrellas y potencias*[1]
en el sombrero

AUTOR.
　　　　　Hermosa compostura
　　　de esa varia inferior arquitectura,
　　　que entre sombras y lejos[2]
　　　a esta celeste usurpas los reflejos,
　　　cuando con flores bellas
　　　el número compite a sus estrellas,
　　　siendo con resplandores
　　　humano cielo de caducas flores.

　　　　　Campaña de elementos,
　　　con montes, rayos, piélagos y vientos;
　　　con vientos, donde graves
　　　te surcan los bajeles de las aves;
　　　con piélagos y mares donde a veces
　　　te vuelan las escuadras de los peces;
　　　con rayos donde ciego
　　　te ilumina la cólera del fuego;
　　　con montes donde dueños absolutos
　　　te pasean los hombres y los brutos:
　　　siendo, en continua guerra,
　　　monstruo de fuego y aire, de agua y tierra

　　　　　Tú, que siempre diverso,
　　　la fábrica feliz del universo
　　　eres, primer prodigio sin segundo,
　　　y por llamarte de una vez, tú el Mundo,

---

1 *potencias:* varillas de metal semejando rayos, que se colocaban por lo general, en haces de tres, en la cabeza de Dios.

2 *sombras:* las partes más alejadas en una pintura.

que naces como el Fénix y en su fama
de tus mismas cenizas…

Sale el Mundo *por diversa puerta*

MUNDO.   ¿Quién me llama,
que desde el duro centro
de aqueste globo que me esconde dentro
alas viste veloces?[3]
¿Quién me saca de mí, quién me da voces?

AUTOR.   Es tu Autor Soberano.
De mi voz un suspiro, de mi mano
un rasgo es quien te informa
y a su oscura materia le de forma.

MUNDO.   Pues ¿qué es lo que me mandas? ¿Qué me quieres?

AUTOR.   Pues soy tu Autor, y tú mi hechura eres,
hoy, de un concepto mío,
la ejecución a tus aplausos fío.
     Una fiesta hacer quiero
a mí mismo poder, si considero
que sólo a ostentación de mi grandeza
fiestas hará la gran naturaleza;
lo que más ha alegrado y divertido
la representación bien aplaudida,
y es representación la humana vida,
una comedia sea
la que hoy el cielo en tu teatro vea.
Si soy Autor[4] y si la fiesta es mía,
por fuerza la ha de hacer mi compañía.
Y pues que yo escogí de los primeros
los hombres, y ellos son mis compañeros,

3 Sentido dudoso: «¿Que yo visto alas veloces cuando oigo la llamada
desde el duro centro de la tierra en que viví escondido?» (A. Valbuena Prat).
4 En el siglo XVII, Autor significaba empresario de un teatro, además de
su significado habitual. Calderón emplea el término indistintamente en ambos
sentidos.

ellos, en el *teatro
del mundo,* que contiene partes cuatro,[5]
con estilo oportuno
han de representar. Yo a cada uno
el papel le daré que le convenga,
y porque en fiesta igual su parte tenga
el hermoso aparato
de apariencias,[6] de trajes el ornato,
hoy prevenido quiero
que, alegre, liberal y lisonjero,
fabriques apariencias
que de dudas se pasen a evidencias.
Seremos, yo el Autor, en un instante,
tú el teatro, y el hombre el recitante.

MUNDO.   Autor generoso mío,
a cuyo poder, a cuyo
acento obedece todo,
yo, *el gran teatro del mundo,*
para que en mí representen
los hombres, y cada uno
halle en mí la prevención
que le impone el papel suyo,
como parte obedencial,
que solamente ejecuto
lo que ordenas, que aunque es mía
la obra el milagro es tuyo,
primeramente porque es
de más contento y más gusto
no ver el tablado antes
que esté el personaje a punto,
lo tendré de un negro velo
todo cubierto y oculto,
que sea un caos donde estén

5 Las cuatro partes del mundo de entonces: Europa, Asia, África y
América.
6 *apariencias:* las decoraciones del teatro.

los materiales confusos.
Correráse aquella niebla
y, huyendo el vapor oscuro,
para alumbrar el teatro
(porque adonde luz no hubo
no hubo fiesta), alumbrarán
dos luminares, el uno
divino farol del día,
y de la noche nocturno
farol el otro, a quien ardan
mil luminosos carbunclos,[7]
que en la frente de la noche
den vividores influjos.
En la primera jornada,
sencillo y cándido nudo
de la gran ley natural,
allá en los primeros lustros,
aparecerá un jardín [8]
con bellísimos dibujos,
ingeniosas perspectivas,
que se dude cómo supo
la naturaleza hacer
tan gran lienzo sin estudio.
Las flores mal despuntadas
de sus rosados capullos
saldrán la primera vez
a ver el Alba en confuso.
Los árboles estarán
llenos de sabrosos frutos,
si ya el áspid de la envidia [9]
o da veneno en alguno.
Quebraránse mil cristales
en guijas, dando su curso

7 *carbunclo:* piedra preciosa que tomó el nombre del carbón encendido.
8 El Paraíso Terrenal.
9 La serpiente del Paraíso, en el árbol de la Ciencia del Bien y del Mal.

para que el Alba los llore
mil aljófares [10] menudos.
Y para que más campee
este humano cielo, juzgo
que estará bien engastado
de varios campos incultos.
Donde fueren menester
montes y valles profundos,
habrá valles, habrá montes;
y ríos, sagaz y astuto,
haciendo zanjas la tierra
llevaré por sus conductos,
brazos de mar desatados
que corran por varios rumbos.
Vista la primera escena
sin edificio ninguno,
en un instante verás
cómo repúblicas fundo,
cómo ciudades fabrico,
cómo alcázares descubro.
Y cuando solicitados
montes fatiguen algunos
a la tierra con el peso
y a los aires con el bulto,
mudaré todo el teatro
porque todo, mal seguro,
se verá cubierto de agua
a la saña de un diluvio. [11]
En medio de tanto golfo,
a los flujos y reflujos
de ondas y nubes, vendrá
haciendo ignorados surcos
por las aguas un bajel [12]

10 *aljófar:* perla pequeña de forma irregular.
11 El Diluvio Universal.
12 El Arca de Noé.

que fluctuando seguro
traerá su vientre preñado
de hombres, de aves y de brutos.
A la seña que, en el cielo,
de paz hará un arco rubio
de tres colores, pajizo,
tornasolado y purpúreo,
todo el gremio de las ondas
obediente a su estatuto
hará lugar, observando
leyes que primero tuvo,
a la cerviz de la tierra
que, sacudiéndose el yugo,
descollará su semblante,
bien que macilento y mustio.
Acabado el primer acto,
luego empezará el segundo,
ley escrita, en que poner
más apariencias procuro,
pues para pasar a ella
pasarán, con pies enjutos,
los hebreos desde Egipto
los cristales del mar rubio;[13]
amontonadas las aguas,
verá el sol que le descubro
los más ignorados senos
que ha mirado en tantos lustros.
Con dos columnas de fuego
ya me parece que alumbro
el desierto, antes de entrar
en el prometido fruto.
Para salir con la ley,
Moisés a un monte robusto[14]
le arrebatará una nube

13 El mar Rojo. En latín, *rubeus* = rojo.
14 El monte Sinaí.

en el rapto vuelo [15] suyo.
Y esta segunda jornada
fin tendrá en un furibundo
eclipse, en que todo el Sol
se ha de ver casi difunto.
Al último parasismo [16]
se verá el orbe cerúleo [17]
titubear, borrando tantos
paralelos y coluros.[18]
Sacudiránse los montes,
y delirarán los muros,
dejando en pálidas ruinas
tanto escándalo caduco.
Y empezará la tercera
jornada, donde hay anuncios
que habrá mayores portentos,
por ser los milagros muchos
de la *ley de gracia,* en que
ociosamente discurro.
Con lo cual en tres jornadas,
tres leyes y un estatuto,
los hombres dividirán
las tres edades del mundo;
hasta que, al último paso,[19]
todo el tablado, que tuvo
tan grande aparato en sí,
una llama, un rayo puro
cubrirá porque no falte

15 *rapto vuelo:* «Movimiento rapto se llamaba a aquél con que los astros
se mueven de Levante a Poniente, con el cual dan todos ellos cada día una
vuelta al cielo» *(Diccionario de Autoridades).*

16 *parasismo* = paroxismo.

17 *cerúleo:* azulado.

18 *coluros:* Cada uno de los círculos máximos de la esfera celeste que
pasan por los polos y cortan a la elíptica en los puntos de los equinoccios y
solsticios.

19 El Juicio Final.

fuego en la fiesta… ¿Qué mucho
que aquí, balbuciente el labio,
quede absorto, quede mudo?
De pensarlo me estremezco,
de imaginarlo me turbo;
de repetirlo me asombro;
de acordarlo me consumo.
Mas ¡dilátese esta escena,
este paso horrible y duro,
tanto, que nunca le vean
todos los siglos futuros!
Prodigios verán los hombres
en tres actos, y ninguno
a su representación
faltará por mí en el uso.
Y pues que ya he prevenido
cuanto al teatro, presumo
que está todo ahora; cuanto
al vestuario, no dudo
que allá en tu mente le tienes,
pues allá en tu mente juntos,
antes de nacer, los hombres
tienen los aplausos suyos.
Y para que, desde ti,
a representar al mundo
salgan y vuelvan a entrarse,
ya previno mi discurso
dos puertas: *la una es la cuna
y la otra es el sepulcro.*

    Y para que no les falten
las galas y adornos juntos,
para vestir los papeles
tendré prevenido a punto
al que hubiere de hacer rey,
púrpura y laurel augusto;
al valiente capitán,
armas, valores y triunfos;

al que ha de hacer el ministro,
libros, escuelas y estudios.
Al religioso, obediencias;
al facineroso, insultos;
al noble le daré honras,
y libertades al vulgo.
Al labrador, que a la tierra
ha de hacer fértil a puro
afán, por culpa de un necio,[20]
le daré instrumentos rudos.
A la que hubiere de hacer
la dama, le daré sumo
adorno en las perfecciones,
dulce veneno de muchos.
Sólo no vestiré al pobre
porque es papel de desnudo,
porque ninguno después
se queje de que no tuvo
para hacer bien su papel
todo el adorno que pudo,
pues el que bien no lo hiciere
será por defecto suyo,
no mío. Y pues que ya tengo
todo el aparato junto,
venid, mortales, venid
a adornaros cada uno
para que representéis
en el *teatro del mundo*.   *(Vase.)*

AUTOR.   Mortales que aún no vivís
y ya os llamo yo mortales,
pues en mi presencia iguales
antes de ser asistís;
aunque mis voces no oís,
venid a aquestos vergeles,
que ceñido de laureles,

20 Alusión a Adán.

cedros y palma os espero,
porque aquí entre todos quiero
repartir estos papeles.

Salen el RICO, *el* REY, *el* LABRADOR, *el* POBRE y *la* HERMOSURA,
la DISCRECIÓN y *un* NIÑO.

REY.   Ya estamos a tu obediencia,
                    Autor nuestro, que no ha sido
                    necesario haber nacido
                    para estar en tu presencia.
                    Alma, sentido, potencia,
                    vida, ni razón tenemos;
                    todos informes nos vemos;
                    polvo somos de tus pies.
                    Sopla aqueste polvo, pues,
                    para que representemos.
HERMOSURA.   Sólo en tu concepto estamos,
                    ni animamos ni vivimos,
                    ni tocamos ni sentimos
                    ni del bien ni el mal gozamos;
                    pero, si hacia el mundo vamos
                    todos a representar,
                    los papeles puedes dar,
                    pues en aquesta ocasión
                    no tenemos elección
                    para haberlos de tomar.
LABRADOR.   Autor mío soberano
                    a quien conozco desde hoy,
                    a tu mandamiento estoy
                    como hechura de tu mano,
                    y pues tú sabes, y es llano
                    porque en Dios no hay ignorar,
                    qué papel me puedes dar,
                    si yo errare este papel,
                    no me podré quejar de él,
                    de mí me podré quejar.

UTOR.   Ya sé que si para ser
                  el hombre elección tuviera,
                  ninguno el papel quisiera
                  del sentir y padecer;
                  todos quisieran hacer
                  el de mandar y regir,
                  sin mirar, sin advertir
                  que en acto tan singular
                  aquello es representar
                  aunque piensen que es vivir.
                  Pero yo, Autor soberano,
                  sé bien qué papel hará
                  mejor cada uno; así va
                  repartiéndolos mi mano.
                  (Da su papel a cada uno.)
                  Haz tú el Rey.

EY.   Honores gano.

UTOR.   La dama, que es la hermosura
                  humana, tú.

HERMOSURA.   ¡Qué ventura!

UTOR.   Haz tú al rico, al poderoso.

ICO.   En fin nazco venturoso
                  a ver del sol la luz pura.

UTOR.   Tú has de hacer al labrador.

ABRADOR.   ¿Es oficio o beneficio?

UTOR.   Es un trabajoso oficio.

ABRADOR.   Seré mal trabajador.
                  Por vuestra vida, Señor,
                  que aunque soy hijo de Adán,
                  que no me deis este afán,
                  aunque me deis posesiones,
                  porque tengo presunciones
                  que he de ser grande holgazán.
                  De mi natural infiero,
                  con ser tan nuevo, Señor,
                  que seré mal cavador
                  y seré peor quintero;

si aquí valiera un «no quiero»,
dijérale, mas delante
de un autor tan elegante,
nada un «no quiero» remedia,
y así seré en la comedia
el peor representante.

Como sois cuerdo, me dais
como el talento el oficio,
y así mi poco jüicio
sufrís y disimuláis;
nieve como lana dais;
justo sois, no hay que quejarme;
y pues que ya perdonarme
vuestro amor me muestra en él,
yo haré, Señor, mi papel
despacio por no cansarme.

AUTOR.   Tú, la discreción harás.
DISCRECIÓN.   Venturoso estado sigo.
AUTOR.   Haz tú al mísero, al mendigo.
POBRE.   ¿Aqueste papel me das?
AUTOR.   Tú, sin nacer morirás.
NIÑO.   Poco estudio el papel tiene.
AUTOR.   Así mi ciencia previene
que represente el que viva.
Justicia distributiva
soy, y es lo que os conviene.

POBRE.   Si yo pudiera excusarme
deste papel, me excusara,
cuando mi vida repara
en el que has querido darme;
y ya que no declararme
puedo, aunque atrevido quiera,
le tomo, mas considera,
ya que he de hacer el mendigo,
no, Señor, lo que te digo,
lo que decirte quisiera.

¿Por qué tengo de hacer yo

el pobre en esta comedia?
¿Para mí ha de ser tragedia,
y para los otros no?
¿Cuando este papel me dio
tu mano, no me dio en él
igual alma a la de aquél
que hace el rey? ¿Igual sentido?
¿Igual ser? Pues ¿por qué ha sido
tan desigual mi papel?

    Si de otro barro me hicieras,
si de otra alma me adornaras,
menos vida me fiaras,
menos sentidos me dieras;
ya parece que tuvieras
otro motivo, Señor;
pero parece rigor,
—perdona decir *cruel*—
el ser mejor su papel
no siendo su ser mejor.

AUTOR.   En la representación
igualmente satisface
el que bien al pobre hace
con afecto, alma y acción,
como el que hace al rey, y son
iguales éste y aquél
en acabando el papel.
Haz tú bien el tuyo y piensa
que para la recompensa
yo te igualaré con él.

    No porque pena te sobre,
siendo pobre, es en mi ley
mejor papel el del rey
si hace bien el suyo el pobre;
uno y otro de mí cobre
todo el salario después
que haya merecido, pues
en cualquier papel se gana,

        que toda la vida humana
        representaciones es.
           Y la comedia acabada
        ha de cenar a mi lado
        el que haya representado,
        sin haber errado en nada,
        su parte más acertada;
        allí, igualaré a los dos.

HERMOSURA.   Pues, decidnos, Señor, Vos,
        ¿cómo en lengua de la fama
        esta comedia se llama?

AUTOR.   *Obrar bien, que Dios es Dios.*

REY.   Mucho importa que no erremos
        comedia tan misteriosa.

RICO.   Para eso es acción forzosa
        que primero la ensayemos.

DISCRECIÓN. ¿Cómo ensayarla podremos
        si nos llegamos a ver
        sin luz, sin alma y sin ser
        antes de representar?

POBRE.   Pues ¿cómo sin ensayar
        la comedia se ha de hacer?

LABRADOR.   Del pobre apruebo la queja,
        que lo siento así, Señor,
        (que son, pobre y labrador
        para par a la pareja).
        Aun una comedia vieja
        harta de representar
        si no se vuelve a ensayar
        se yerra cuando se prueba.
        Si no se ensaya esta nueva,
        ¿cómo se podrá acertar?

AUTOR.   Llegando ahora a advertir
        que, siendo el cielo jüez,
        se ha de acertar de una vez
        cuanto es nacer y morir

HERMOSURA.   Pues ¿el entrar y el salir

	cómo lo hemos de saber
	ni a qué tiempo haya de ser?
UTOR.	Aun eso se ha de ignorar,
	y de una vez acertar
	cuanto es morir y nacer.
	Estad siempre prevenidos
	para acabar el papel;
	que yo os llamaré al fin de él.
OBRE.	¿Y si acaso los sentidos
	tal vez se miran perdidos?
UTOR.	Para eso, común grey,
	tendré, desde el pobre al rey,
	para enmendar al que errare
	y enseñar al que ignorare,
	con el apunto, a mi Ley;[21]
	ella a todos os dirá
	lo que habéis de hacer, y así
	nunca os quejaréis de mí.
	Albedrío tenéis ya,
	y pues prevenido está
	el teatro, vos y vos
	medid las distancias dos
	de la vida.
DISCRECIÓN.	¿Qué esperamos?
	¡Vamos al teatro!
TODOS.	¡Vamos
	a obrar bien, que Dios es Dios!

Al irse a entrar, sale el MUNDO *y detiénelos*

MUNDO.	Ya está todo prevenido
	para que se represente
	esta comedia aparente
	que hace el humano sentido.
REY.	Púrpura y laurel te pido.

21 La ley hará de apuntador para que el hombre no se equivoque.

MUNDO.	¿Por qué púrpura y laurel?
REY.	Porque hago este papel.

(*Enséñale el papel, y toma la púrpura y corona, vase.*)

MUNDO.	Ya aquí prevenido está.
HERMOSURA.	A mí, matices me da
	de jazmín, rosa y clavel.
	Hoja a hoja y rayo a rayo
	se desaten a porfía
	todas las luces del día,
	todas las flores del mayo;
	padezca mortal desmayo
	de envidia al mirarme el sol,
	y como a tanto arrebol
	el girasol ver desea,
	la flor de mis luces sea
	siendo el sol mi girasol.
MUNDO.	Pues ¿cómo vienes tan vana
	a representar al mundo?
HERMOSURA.	En este papel me fundo.
MUNDO.	¿Quién es?
HERMOSURA.	La hermosura humana.
MUNDO.	Cristal, carmín, nieve y grana
	pulan sombras y bosquejos
	que te afeiten[22] de reflejos.

(*Dale un ramillete.*)

HERMOSURA.	Pródiga estoy de colores.
	Servidme de alfombra, flores;
	sed, cristales, mis espejos. (*Vase.*)
RICO.	Dadme riquezas a mí,
	dichas y felicidades,
	pues para prosperidades
	hoy vengo a vivir aquí.
MUNDO.	Mis entrañas para ti
	a pedazos romperé;

22 *afeite:* aderezo o adorno que se pone a algún objeto.

	de mis senos sacaré toda la plata y el oro, que en avariento tesoro tanto encerrado oculté. *(Dale joyas.)*
RICO.	Soberbio y desvanecido con tantas riquezas voy.
DISCRECIÓN.	Yo, para mi papel, hoy, tierra en que vivir te pido.
MUNDO.	¿Qué papel el tuyo ha sido?
DISCRECIÓN.	La discreción estudiosa.
MUNDO.	Discreción tan religiosa tome ayuno y oración. *(Dale cilicio y disciplina.)*
DISCRECIÓN.	No fuera yo discreción tomando de ti otra cosa. *(Vase.)*
MUNDO.	¿Cómo tú entras sin pedir para el papel que has de hacer?
NIÑO.	¡Cómo no te he menester para lo que he de vivir!... Sin hacer he de morir, en ti no tengo de estar más tiempo que el de pasar de una cárcel a otra oscura, y para una sepultura por fuerza me la has de dar.
MUNDO.	¿Qué pides tú, di, grosero?
LABRADOR.	Lo que le diera yo a él.
MUNDO.	Ea, muestra tu papel.
LABRADOR.	Ea, digo que no quiero.
MUNDO.	De tu proceder infiero que, como bruto gañán, habrás de ganar tu pan.
LABRADOR.	Esas mis desdichas son.
MUNDO.	Pues, toma aqueste azadón. *(Dale un azadón.)*
LABRADOR.	Ésta es la herencia de Adán.

Señor Adán, bien pudiera,
pues tanto llegó a saber,
conocer que su mujer
pecaba de bachillera;
dejárala que comiera
y no la ayudara él;
mas como amante cruel
dirá que se lo rogó
y así tan mal como yo
representó su papel.   *(Vase.)*

POBRE.   Ya que a todos darles dichas
gustos y contentos vi,
dame pesares a mí,
dame penas y desdichas;
no de las venturas dichas
quiero púrpura y laurel;
déste colores, de aquél
plata ni oro no he querido.
Sólo remiendos te pido.

MUNDO.   ¿Qué papel es tu papel?
POBRE.   Es mi papel la aflicción,
es la angustia, es la miseria,
. . . . ²³
la desdicha, la pasión,
el dolor, la compasión,
el suspirar, el gemir,
el padecer, el sentir,
importunar y rogar,
el nunca tener que dar,
el siempre haber de pedir.

El desprecio, la esquivez,
el baldón, el sentimiento,
la vergüenza, el sufrimiento,
el hambre, la desnudez,

23 Falta un verso para completar la décima. Valbuena Prat sugiere «la tristeza, la lacería».

<table>
<tr><td></td><td>el llanto, la mendiguez,
la inmundicia, la bajeza,
el desconsuelo y pobreza,
la sed, la penalidad,
y es la vil necesidad,
que todo esto es la pobreza.</td></tr>
</table>

MUNDO.   A ti nada te he de dar,
que el que haciendo al pobre vive
nada del mundo recibe,
antes te pienso quitar
estas ropas, que has de andar
desnudo, para que acuda   *(desnúdale)*
yo a mi cargo, no se duda.

POBRE.   En fin, este mundo triste
al que está vestido viste
y al desnudo le desnuda.

MUNDO.   Ya que de varios estados
está el teatro cubierto,
pues un rey en él advierto,
con imperios dilatados;
beldad a cuyos cuidados
se adormecen los sentidos,
poderosos aplaudidos,
mendigos, menesterosos,
labradores, religiosos,
que son los introducidos
para hacer los personajes
de la comedia de hoy,
a quien yo el teatro doy,
las vestiduras y trajes
de limosnas y de ultrajes
¡sal, divino Autor, a ver
las fiestas que te han de hacer
los hombres! Abrase el centro
de la tierra, pues que dentro
della la escena ha de ser!

*Con música se abren a un tiempo dos globos: en el uno, estará un
trono de gloria, y en él el* AUTOR *sentado; en el otro ha de haber
representación con dos puertas: en la una pintada una cuna y en la
otra un ataúd*

AUTOR.   Pues para grandeza mía
                       aquesta fiesta he trazado,
                       en este trono sentado,
                       donde es eterno mi día,
                       he de ver mi compañía.
                       Hombres que salís al suelo
                       por una cuna de yelo
                       y por un sepulcro entráis,
                       ved cómo representáis,
                       que os ve el Autor desde el cielo.

Sale la DISCRECIÓN *con un instrumento, y canta*

DISCRECIÓN.   Alaben al Señor de tierra y cielo,
                       el sol, luna y estrellas;
                       alábenle las bellas
                       flores que son caracteres del suelo;
                       alábele la luz, el fuego, el yelo,
                       la escarcha y el rocío,
                       el invierno y estío,
                       y cuanto esté debajo de este velo
                       que, en visos celestiales,
                       árbitro es de los bienes y los males.   *(Vase.)*
AUTOR.   Nada me suena mejor
                       que en voz del hombre este fiel
                       himno que cantó Daniel
                       para templar el furor
                       de Nabucodonosor.
MUNDO.   ¿Quién hoy la loa²⁴ echará?
                       Pero en la apariencia ya

_____
24 *loa:* prólogo a la representación en el teatro antiguo.

la ley convida a su voz
que como corre veloz,
en elevación[25] está
sobre la haz de la tierra.

Aparece la LEY DE GRACIA *en una elevación, que estará sobre
donde estuviere el* MUNDO, *con un papel en la mano*

LEY.   Yo, que Ley de Gracia soy,
la fiesta introduzgo hoy;
para enmendar al que yerra
en este papel se encierra
la gran comedia, que Vos
compusisteis sólo en dos
versos que dicen así:
(Canta.)
Ama al otro como a ti,
y obra bien, que Dios es Dios.

MUNDO.   La Ley, después de la loa,
con el apunto quedó;
victoriar[26] quisiera aquí
pues me representa a mí:
vulgo desta fiesta soy;
mas callaré porque empieza
ya la representación.

Salen la HERMOSURA y *la* DISCRECIÓN *por la puerta de la cuna*

HERMOSURA.   Vente conmigo a espaciar
por estos campos que son
felice patria del Mayo,
dulce lisonja del sol;
pues sólo a los dos conocen,

25 *elevación:* tablado más alto que el resto de la escena.
26 *victorear:* aclamar. Al terminar la loa, el actor que recitaba mejor era objeto de un caluroso aplauso.

	dando solos a los dos,
	resplandores, rayo a rayo,
	y matices, flor a flor.
DISCRECIÓN.	Ya sabes que nunca gusto
	de salir de casa yo,
	quebrantando la clausura
	de mi apacible prisión.
HERMOSURA.	¿Todo ha de ser para ti
	austeridad y rigor?
	¿No ha de haber placer un día?
	Dios, di ¿para qué crió
	flores, si no ha de gozar
	el olfato el blando olor
	de sus fragantes aromas?
	¿Para qué aves engendró,
	que, en cláusulas lisonjeras,
	cítaras de pluma son,
	si el oído no ha de oírlas?
	¿Para qué galas, si no
	las ha de romper el tacto
	con generosa ambición?
	¿Para qué las dulces frutas,
	si no sirve su sazón
	de dar al gusto manjares
	de un sabor y otro sabor?
	¿Para qué hizo Dios, en fin,
	montes, valles, cielo, sol,
	si no han de verlo los ojos?
	Ya parece, y con razón,
	ingratitud no gozar
	las maravillas de Dios.
DISCRECIÓN.	Gozarlas para admirarlas
	es justa y lícita acción
	y darle gracias por ellas,
	gozar las bellezas, no
	para usar dellas tan mal
	que te persuadas que son

	para verlas las criaturas,
	sin memoria del Criador.
	Yo no he de salir de casa;
	ya escogí esta religión
	para sepultar mi vida;
	por eso soy Discreción.
HERMOSURA.	Yo, para esto, Hermosura:
	a ver y ser vista voy. *(Apártanse.)*
MUNDO.	Poco tiempo se avinieron
	Hermosura y Discreción.
HERMOSURA.	Ponga redes su cabello,
	y ponga lazos mi amor
	al más tibio afecto, al más
	retirado corazón.
MUNDO.	Una acierta, y otra yerra
	su papel, de aquestas dos.
DISCRECIÓN.	¿Que haré yo para emplear
	bien ingenio?
HERMOSURA.	¿Qué haré yo
	para lograr mi hermosura?
LEY.	*(Canta.) Obrar bien, que Dios es Dios.*
MUNDO.	Con oírse el apunto
	la Hermosura no le oyó.

Sale el RICO

RICO.	Pues pródigamente el cielo
	hacienda y poder me dio,
	pródigamente se gaste
	en lo que delicias son.
	Nada me parezca bien
	que no lo apetezca yo;
	registre mi mesa cuanto
	o corre o vuela veloz.
	Sea mi lecho la esfera
	de Venus, y en conclusión
	la pereza y las delicias,

gula, envidia y ambición
hoy mis sentidos posean.

Sale el LABRADOR

LABRADOR.   ¿Quién vio trabajo mayor
que el mío? Yo rompo el pecho
a quien el suyo me dio
porque el alimento mío
en esto se me libró.
Del arado que la cruza
la cara, ministro soy,
pagándola el beneficio
en aquestos que la doy.
Hoz y azada son mis armas;
con ellas riñendo estoy:
con las cepas, con la azada;
con las mieses, con la hoz.
En el mes de abril y mayo
tengo hidrópica pasión,[27]
y si me quitan el agua,
entonces estoy peor.
En cargando algún tributo,
de aqueste siglo pensión,
encara la puntería
contra el triste labrador.
Mas, pues trabajo y lo sudo,
los frutos de mi labor
me ha de pagar quien los compre
al precio que quiera yo.
No quiero guardar la tasa
ni seguir más la opinión
de quien, porque ha de comprar,
culpa a quien no la guardó.

27 *hidrópica pasión:* pasión insaciable, eludiendo a la hidropesía y sus
síntomas.

Y yo sé que si no llueve
este abril, que ruego a Dios
que no llueva, ha de valer
muchos ducados mi troj.[28]
Con esto un Nabal-Carmelo[29]
seré de aquesta región
y me habrán menester todos;
pero muy hinchado yo,
entonces, ¿qué podré hacer?

LEY.   *(Canta.) Obrar bien, que Dios es Dios.*

DISCRECIÓN.   ¿Cómo el apunto no oíste?

LABRADOR.   Como sordo a tiempo soy

MUNDO.   Él al fin se está en sus treces.

LABRADOR.   Y aún en mis catorce estoy.

Sale el POBRE

POBRE.   De cuantos el mundo viven,
¿quién mayor miseria vio
que la mía? Aqueste suelo
es el más dulce y mejor
lecho mío, que, aunque es
todo el cielo pabellón
suyo, descubierto está
a la escarcha y al calor;
la hambre y la sed me afligen.
¡Dadme paciencia, mi Dios!

RICO.   ¿Qué haré yo para ostentar
mi riqueza?

POBRE.   ¿Qué haré yo
para sufrir mis desdichas?

---

28 *troj:* granero.

29 *Nabal-Carmelo:* Nabal era un hombre rico y avaro que aparece en el libro primero de *Samuel* (cap. XXV). Bien podría ser que Calderón intentara hacer un gracioso juego de palabras por el equívoco de Nabal-Carmelo y Navalcarnero (nombre geográfico). Valbuena Prat apunta estas idea en su edición.

LEY.	*(Canta.) Obrar bien, que Dios es Dios.*
POBRE.	¡Oh, cómo esta voz consuela!
RICO.	¡Oh, cómo cansa esta voz!
DISCRECIÓN.	El Rey sale a estos jardines.
POBRE.	¡Cuánto siente esta ambición
	postrarse a nadie!
HERMOSURA.	Delante
	de él he de ponerme yo
	para ver si mi hermosura
	pudo rendirlo a mi amor.
LABRADOR.	Yo detrás; no se le antoje,
	viendo que soy labrador,
	darme con un nuevo arbitrio
	pues no espero otro favor.

Sale el REY

REY.	A mi dilatado imperio
	estrechos límites son
	cuantas contiene provincias
	esta máquina inferior.
	De cuanto circunda el mar
	y de cuanto alumbra el sol
	soy el absoluto dueño,
	soy el supremo señor.
	Los vasallos de mi imperio
	se postran por donde voy.
	¿Qué he menester yo en el mundo?
LEY.	*(Canta.) Obrar bien, que Dios es Dios.*
MUNDO.	A cada uno va diciendo
	el apunto lo mejor.
POBRE.	Desde la miseria mía
	mirando infeliz estoy,
	ajenas felicidades.
	El rey, supremo señor,
	goza de la majestad
	sin acordarse que yo

necesito de él; la dama
atenta a su presunción
no sabe si hay en el mundo
necesidad y dolor;
la religiosa, que siempre
se ha ocupado en oración,
si bien a Dios sirve, sirve
con comodidad a Dios.
El labrador, si cansado
viene del campo, ya halló
honesta mesa su hambre,
si opulenta mesa no;
al rico le sobra todo;
y sólo, en el mundo, yo
hoy de todos necesito,
y así llego a todos hoy,
porque ellos viven sin mí
pero yo sin ellos no.
A la Hermosura me atrevo
a pedir. Dadme, por Dios,
limosna.

HERMOSURA.   Decidme, fuentes,
pues que mis espejos sois,
¿qué galas me están más bien?,
¿qué rizos me están mejor?

POBRE.   ¿No me veis?

MUNDO.   Necio, ¿no miras
que es vana tu pretensión?
¿Por qué ha de cuidar de ti
quien de sí se descuidó?

POBRE.   Pues, que tanta hacienda os sobra,
dadme una limosna vos.

RICO.   ¿No hay puertas dónde llamar?
¿Así os entráis donde estoy?
En el umbral del zaguán
pudiérais llamar, y no
haber llegado hasta aquí.

POBRE.	No me tratéis con rigor.
RICO.	Pobre importuno, idos luego.
POBRE.	Quien tanto desperdició
	por su gusto, ¿no dará
	alguna limosna?
RICO.	No.
MUNDO.	El avariento y el pobre
	de la parábola, son.[30]
POBRE.	Pues a mi necesidad
	le falta ley y razón,
	atreveréme al rey mismo.
	Dadme limosna, Señor.
REY.	Para eso tengo ya
	mi limosnero mayor.
MUNDO.	Con sus ministros el Rey
	su conciencia aseguró.
POBRE.	Labrador, pues recibís
	de la bendición de Dios
	por un grano que sembráis
	tanta multiplicación,
	mi necesidad os pide
	limosna.
LABRADOR.	Si me la dio
	Dios, buen arar y sembrar
	y buen sudor me costó.
	Decid: ¿no tenéis vergüenza
	que un hombrazo como vos
	pida? ¡Servid, noramala!
	No os andéis hecho un bribón.
	Y si os falta que comer,
	tomad aqueste azadón
	conque lo podéis ganar.
POBRE.	En la comedia de hoy
	yo el papel de pobre hago;
	no hago el de labrador.

30 La parábola de Lázaro y el rico avariento (Lucas, XVI, 19-23).

LABRADOR.   Pues, amigo, en su papel
no le ha mandado el Autor
pedir no más y holgar siempre,
que el trabajo y el sudor
es propio papel del pobre.

POBRE.   Sea por amor de Dios.
Riguroso, hermano, estáis.

LABRADOR.   Y muy pedigüeño vos.

POBRE.   Dadme vos algún consuelo.

DISCRECIÓN.   Tomad, y dadme perdón.   *(Dale un pan.)*

POBRE.   Limosna de pan, señora,
era fuerza hallarla en vos,
porque el pan que nos sustenta
ha de dar la Religión.[31]

DISCRECIÓN.   ¡Ay de mí!

REY.   ¿Qué es esto?

POBRE.   Es…
alguna tribulación
que la Religión padece.
(Va a caer la RELIGIÓN, *y le da el* REY *la mano.)*

REY.   Llegaré a tenerla yo.

DISCRECIÓN.   Es fuerza; que nadie puede
sostenerla como vos.

AUTOR.   Yo, bien pudiera enmendar
los yerros que viendo estoy;
pero por eso les di
albedrío superior
a las pasiones humanas,
por no quitarles la acción
de merecer con sus obras;
y así dejo a todos hoy
hacer libres sus papeles
y en aquella confusión
donde obran todos juntos

---

31 La Sagrada Eucaristía.

	miro en cada uno yo,

LEY.

miro en cada uno yo,
diciéndoles por mi ley:
(Canta.) Obrar bien, que Dios es Dios.
(Recita.) A cada uno por sí
y a todos juntos, mi voz
ha advertido; ya con esto
su culpa será su error.
(Canta.) Ama al otro como a ti
y obrar bien, que Dios es Dios.

REY.

Supuesto que es esta vida
una representación,
y que vamos un camino
todos juntos, haga hoy
del camino la llaneza,
común la conversación.

HERMOSURA.

No hubiera mundo a no haber
esa comunicación.

RICO.

Diga un cuento cada uno.

DISCRECIÓN.

Será prolijo; mejor
será que cada uno diga
qué está en su imaginación.

REY.

Viendo estoy mis imperios dilatados,
mi majestad, mi gloria, mi grandeza,
en cuya variedad naturaleza
perfeccionó de espacio[32] sus cuidados.

Alcázares poseo levantados,
mi vasalla ha nacido la belleza.
La humildad de unos, de otros la riqueza,
triunfo son al arbitrio de los hados.

Para regir tan desigual, tan fuerte
monstruo de muchos cuellos, me concedan
los cielos atenciones más felices.

Ciencia me den con que regir acierte,
que es imposible que domarse puedan
con un yugo no más tantas cervices.

32 *de espacio:* despacio.

MUNDO. Ciencia para gobernar
pide, como Salomón.
(Canta una voz triste, dentro, a la parte que está
la puerta del ataúd.)

VOZ. Rey de este caduco imperio,
cese, cese, tu ambición,
que en el teatro del mundo
ya tu papel se acabó.

REY. Que ya acabó mi papel
me dice una triste voz,
que me ha dejado al oírla
sin discurso ni razón.
Pues se acabó el papel, quiero
entrarme, mas ¿dónde voy?
Porque a la primera puerta,
donde mi cuna se vio
no puedo, ¡ay de mí!, no puedo
retroceder. ¡Qué rigor!
¡No poder hacia la cuna
dar un paso!... ¡Todos son
hacia el sepulcro!... ¡Que el río
que, brazo de mar, huyó,
vuelva a ser mar; que la fuente
que salió del río (¡qué horror!),
vuelva a ser río; el arroyo
que de la fuente corrió
vuelva a ser fuente; y el hombre,
que de su centro salió,
vuelva a su centro, a no ser
lo que fue!... ¡Qué confusión!
Si ya acabó mi papel,
supremo y divino Autor,
dad a mis yerros disculpa,
pues arrepentido estoy.
(Vase por la puerta del ataúd, y todos se han de ir
por ella.)

MUNDO.	Pidiendo perdón el Rey,
	bien su papel acabó.
HERMOSURA.	De en medio de sus vasallos,
	de su pompa y de su honor,
	faltó el rey.
LABRADOR.	No falte en mayo
	el agua al campo en sazón,
	que con buen paño y sin rey
	lo pasaremos mejor.
DISCRECIÓN.	Con todo, es gran sentimiento.
HERMOSURA.	Y notable confusión.
	¿Qué haremos sin él?
RICO.	Volver
	a nuestra conversación.
	Dinos, tú, lo que imaginas.
HERMOSURA.	Aquesto imagino yo.
MUNDO.	¡Qué presto se consolaron
	los vivos de quien murió!
LABRADOR.	Y más cuando el tal difunto
	mucha hacienda les dejó.
HERMOSURA.	Viendo estoy mi beldad hermosa y pura
	ni al rey envidio, ni sus triunfos quiero,
	pues más ilustre imperio considero
	que es el que mi belleza me asegura.
	Porque si el rey avasallar procura
	las vidas, yo, las almas; luego infiero
	con causa que mi imperio es el primero,
	pues que reina en las almas la hermosura.
	«Pequeño mundo»[33] la filosofía
	llamó al hombre; si en él mi imperio fundo,
	como el cielo lo tiene, como el suelo,
	bien pueda presumir la deidad mía
	que el que al hombre llamó «pequeño mundo».
	llamara a la mujer «pequeño cielo».
MUNDO.	No se acuerda de Ezequiel

33 El microcosmos.

	cuando dijo que trocó
	la Soberbia, a la Hermosura,
	en fealdad, la perfección.
VOZ.	*(Canta.) Toda la hermosura humana*
	es una temprana flor,
	marchitese, pues la noche
	ya de su aurora llegó.
HERMOSURA.	Que fallezca la hermosura
	dice una triste canción.
	No fallezca, no fallezca.
	Vuelva a su primer albor.
	Mas, ¡ay de mí!, que no hay rosa,
	de blanco o rojo color,
	que a las lisonjas del día,
	que a los halagos del sol,
	saque a deshojar sus hojas,
	que no caduque; pues no
	vuelve ninguna a cubrirse
	dentro del verde botón.
	Mas, ¿qué importa que las flores
	del alba breve candor
	marchiten del sol dorado
	halagos de su arrebol?
	¿Acaso tiene conmigo
	alguna comparación,
	flor, en que ser y no ser
	términos continuos son?
	No, que yo soy flor hermosa
	de tan grande duración,
	que si vio el sol mi principio
	no verá mi fin el sol.
	Si eterna soy, ¿cómo puedo
	fallecer? ¿Qué dices, voz?
VOZ.	*(Canta.) Que en el alma eres eterna,*
	y en el cuerpo mortal flor.
HERMOSURA.	Ya no hay réplica que hacer
	contra aquesta distinción.

	De aquella cuna salí
	y hacia este sepulcro voy.
	Mucho me pesa no haber
	hecho mi papel mejor. *(Vase.)*
MUNDO.	Bien acabó el papel, pues
	arrepentida acabó.
RICO.	De entre las galas y adornos
	y lozanías, faltó
	la hermosura.
LABRADOR.	No nos falte
	pan, vino, carne y lechón
	por Pascua, que a la Hermosura
	no la echaré menos yo.
DISCRECIÓN.	Con todo, es grande tristeza.
POBRE.	Y aun notable compasión.
	¿Qué habemos de hacer?
RICO.	Volver
	a nuestra conversación.
LABRADOR.	Cuando el ansioso cuidado
	con que acudo a mi labor
	miro sin miedo al calor
	y al frío desazonado,
	y advierto lo descuidado
	del alma, tan tibia ya,
	la culpo, pues dando está
	gracias de cosecha nueva
	al campo porque la lleva
	y no a Dios que se la da.
MUNDO.	Cerca está de agradecido
	quien se conoce deudor.
POBRE.	A este labrador me inclino
	aunque antes me reprehendió.
VOZ.	*(Canta.) Labrador, a tu trabajo*
	término fatal llegó;
	ya lo serás de otra tierra;
	dónde será, ¡sabe Dios!...
LABRADOR.	Voz, si de la tal sentencia

admites apelación,
admíteme, que yo apelo
a tribunal superior.
No muera yo en este tiempo,
aguarda sazón mejor,
siquiera porque mi hacienda
la deje puesta en sazón;
y porque, como ya dije,
soy maldito labrador,
como lo dicen mis viñas
cardo a cardo y flor a flor,
pues tan alta está la yerba
que duda el que la miró
un poco apartado dellas
si mieses o viñas son.
Cuando panes del lindero
son gigante admiración,
casi enanos son los míos,
pues no salen del terrón.
Dirá quien aquesto oyere
que antes es buena ocasión
estando el campo sin fruto
morirme, y respondo yo:
—Si dejando muchos frutos
al que hereda, no cumplió
testamento de sus padres,
¿qué hará sin frutos, Señor?—
Mas, pues no es tiempo de gracias
pues allí dijo una voz
que me muero, y el sepulcro
la boca, a tragarme, abrió;
si mi papel no he cumplido
conforme a mi obligación,
pésame que no me pese
de no tener gran dolor.   *(Vase.)*

MUNDO.   Al principio le juzgué
                grosero, y él me advirtió

	con su fin de mi ignorancia. ¡Bien acabó el labrador!
RICO.	De azadones y de arados, polvo, cansancio y sudor, ya el Labrador ha faltado.
POBRE.	Y afligidos nos dejó.
DISCRECIÓN.	¡Qué pena!
POBRE.	¡Qué desconsuelo!
DISCRECIÓN.	¡Qué llanto!
POBRE.	¡Qué confusión!
DISCRECIÓN.	¿Qué habemos de hacer?
RICO.	Volver,

a nuestra conversación;
y, por hacer lo que todos,
digo lo que siento yo.

    ¿A quién mirar no le asombra
ser esta vida una flor
que nazca con el albor
y fallezca con la sombra?
Pues si tan breve se nombra,
de nuestra vida gocemos
el rato que la tenemos:
dios a nuestro vientre hagamos.
¡Comamos, hoy, y bebamos,
que mañana moriremos!

MUNDO.	De la Gentilidad es aquella preposición, así lo dijo Isaías.[34]
DISCRECIÓN.	¿Quién se sigue ahora?
POBRE.	Yo.

    Perezca, Señor, el día
en que a este mundo nací.
Perezca la noche fría
en que concebido fui
para tanta pena mía.

---

34 Libro de Job cap. III, 3; e Isaías cap. XXII, 13.

       No la alumbre la luz pura
del sol entre oscuras nieblas:
todo sea sombra oscura,
nunca venciendo la dura
opresión de las tinieblas.
       Eterna la noche sea
ocupando pavorosa
su estancia, y porque no vea
el cielo; caliginosa
oscuridad la posea.
De tantas vivas centellas
luces sea su arrebol,
   . . . . ³⁵
día sin aurora y sol,
noche sin luna y estrellas.
       No porque así me he quejado
es, Señor, que desespero
por mirarme en tal estado,
sino porque considero
que fui nacido en pecado.

MUNDO.	Bien ha engañado las señas
	de la desesperación
	que así, maldiciendo el día,
	maldijo el pecado Job.
VOZ.	*(Canta.) Número tiene la dicha,*
	número tiene el dolor;
	de ese dolor y esa dicha,
	venid a cuentas los dos.
RICO.	¡Ay de mí!
POBRE.	¡Qué alegre nueva!
RICO.	¿Desta voz que nos llamó
	tú no te estremeces?
POBRE.	Sí.
RICO.	¿No procurarás huir?
POBRE.	No;

---

35 Es posible que falte un verso para completar la quintilla.

que el estremecerse es
una natural pasión
del ánimo, a quien como hombre
temiera Dios, con ser Dios.
Mas si el huir será en vano,
porque si della no huyó
a su sagrado el poder,
la hermosura a su blasón
¿dónde podrá la pobreza?
Antes mil gracias le doy
pues con esto acabará
con mi vida mi dolor.

RICO.   ¿Cómo no sientes dejar
                el teatro?

POBRE.   Como no
dejo en él ninguna dicha,
voluntariamente voy.

RICO.   Yo ahorcado, porque dejo
en la hacienda el corazón.

POBRE.   ¡Qué alegría!

RICO.   ¡Qué tristeza!

POBRE.   ¡Qué consuelo!

RICO.   ¡Qué aflicción!

POBRE.   ¡Qué dicha!

RICO.   ¡Qué sentimiento!

POBRE.   ¡Qué ventura!

RICO.   ¡Qué rigor!   *(Vanse los dos.)*

MUNDO.   ¡Qué encontrados al morir
el rico y el pobre son!

DISCRECIÓN. En efecto, en el teatro
sola me he quedado yo.

MUNDO.   Siempre, lo que permanece
más en mí, es la Religión.

DISCRECIÓN. Aunque ella acabar no puede,
yo sí, porque yo no soy
la Religión, sino un miembro
que aqueste estado eligió.

Y antes que la voz me llame
yo me anticipo a la voz
del sepulcro, pues ya en vida
me sepulté, con que doy,
por hoy, fin a la comedia,
que mañana hará el Autor.
Enmendaos para mañana
los que veis los yerros de hoy.
(Ciérrase el globo de la Tierra.)

AUTOR.　　Castigo y premio ofrecí
a quien mejor o peor
representase, y verán
qué castigo y premio doy.
(Ciérrase el globo celeste, y, en él, el AUTOR.*)*

MUNDO.　　　¡Corta fue la comedia! Pero ¿cuándo
no lo fue la comedia desta vida,
y más para el que está considerando
que toda es una entrada, una salida?
Ya todos el teatro van dejando,
a su primer materia reducida
la forma que tuvieron y gozaron;
polvo salgan de mí, pues polvo entraron.

　　　Cobrar quiero de todos, con cuidado,
las joyas que les di con que adornasen
la representación en el tablado,
pues sólo fue mientras representasen.
Pondréme en esta puerta, y, avisado,
haré que mis umbrales no traspasen
sin que dejen las galas que tomaron:
polvo salgan de mí, pues polvo entraron.

Sale el REY

MUNDO.　　　Di, ¿qué papel hiciste, tú, que ahora
el primero a mis manos has venido?
REY.　　Pues, ¿el Mundo quién fui tan presto ignora?
MUNDO.　　El Mundo lo que fue pone en olvido.

REY.   Aquél fui que mandaba cuanto dora
                 el sol, de luz y resplandor vestido,
                 desde que en brazos de la aurora nace
                 hasta que en brazos de la sombra yace.
                     Mandé, juzgué, regí muchos estados;
                 hallé, heredé, adquirí grandes memorias;
                 vi, tuve, concebí cuerdos cuidados;
                 poseí, gocé, alcancé varias victorias.
                 Formé, aumenté, valí varios privados;
                 hice, escribí, dejé varias historias;
                 vestí, imprimí, ceñí, en ricos doseles,
                 las púrpuras, los cetros y laureles.

MUNDO.   Pues deja, suelta, quita la corona;
                 la majestad, desnuda, pierde, olvida,
                 (quítasela)
                 vuélvase, torna, salga tu persona
                 desnuda de la farsa de la vida.
                 La púrpura, de quien tu voz blasona,
                 presto de otro se verá vestida,
                 porque no has de sacar de mis crueles
                 manos, púrpuras, cetros, ni laureles.

REY.   ¿Tú, no me diste adornos tan amados?
                 ¿Cómo me quitas lo que ya me diste?

MUNDO.   Porque dados no fueron, no: prestados
                 sí, para el tiempo que el papel hiciste.
                 Déjame para otros los Estados,
                 la majestad y pompa que tuviste.

REY.   ¿Cómo de rico fama solicitas
                 si no tienes qué dar si no lo quitas?
                     ¿Qué tengo de sacar en mi provecho
                 de haber, al mundo, al rey representado?

MUNDO.   Esto, el Autor, si bien o mal lo has hecho,
                 premio o castigo te tendrá guardado;
                 no, no me toca a mí, según sospecho,
                 conocer tu descuido o tu cuidado:
                 cobrar me toca el traje que sacaste,
                 porque me has de dejar como me hallaste.

Sale la HERMOSURA

MUNDO. ¿Qué has hecho tú?
HERMOSURA.   La gala y hermosura.
MUNDO. ¿Qué te entregué?
HERMOSURA.   Perfecta una belleza.
MUNDO. Pues, ¿dónde está?
HERMOSURA.   Quedó en la sepultura.
MUNDO. Pasmóse, aquí, la gran naturaleza
viendo cuán poco la hermosura dura,
que aún no viene a parar adonde empieza;
pues al querer cobrarla yo, no puedo;
ni la llevas, ni yo con ella quedo.
    El Rey, la majestad en mí ha dejado;
en mí ha dejado el lustre, la grandeza.
La belleza no puedo haber cobrado,
que espira con el dueño la belleza.
Mírate a ese cristal.[36]
HERMOSURA.   Ya me he mirado.
MUNDO. ¿Dónde está la beldad, la gentileza
que te presté? Volvérmela procura.
HERMOSURA. Toda la consumió la sepultura.
    Allí dejé matices y colores;
allí perdí jazmines y corales;
allí desvanecí rosas y flores;
allí quebré marfiles y cristales.
Allí turbé afecciones y primores;
allí borré designios y señales;
allí eclipsé esplendores y reflejos;
allí aun no toparás sombras y lejos.

Sale el LABRADOR

MUNDO. Tú, villano, ¿qué hiciste?
LABRADOR.   Si villano

36 Espejo.

era fuerza que hiciese, no te asombre:
un labrador, que ya tu estilo vano
a quien labra la tierra da ese nombre.
Soy a quien trata siempre el cortesano
con vil desprecio y bárbaro renombre;
y soy, aunque de serlo más me aflijo,
por quien el *él*, el *vos* y el *tú* se dijo.

MUNDO.   Deja lo que te di.
LABRADOR.   Tú, ¿qué me has dado?
MUNDO.   Un azadón te di.
LABRADOR.   ¡Qué linda alhaja!
MUNDO.   Buena o mala, con ella habrás pagado.
LABRADOR.   ¿A quién el corazón no se le raja
viendo que deste mundo desdichado
de cuanto la codicia vil trabaja
un azadón de la salud castigo,
aun no le han de dejar llevar consigo?

Salen el RICO *y el* POBRE

MUNDO.   ¿Quién va allá?
RICO.   Quien de ti nunca quisiera
salir.
POBRE.   Y quien de ti siempre ha deseado
salir.
MUNDO.   ¿Cómo los dos de esa manera
dejarme y no dejarme habéis llorado?
RICO.   Porque yo rico y poderoso era.
POBRE.   Y yo porque era pobre y desdichado.
MUNDO.   Suelta estas joyas.   *(Quítaselas.)*
POBRE.   Mira qué bien fundo
no tener que sentir dejar el mundo.

Sale el NIÑO

MUNDO.   Tú que al teatro a recitar entraste,
¿cómo, di, en la comedia no saliste?

NIÑO.　　　　La vida en un sepulcro me quitaste.
　　　　　　　Allí te dejo lo que tú me diste.

Sale la DISCRECIÓN

MUNDO.　　　　Cuando a las puertas del vivir llamaste
　　　　　　　tú, para adorno tuyo, ¿qué pediste?
DISCRECIÓN.　Pedí una religión y una obediencia,
　　　　　　　cilicios, disciplinas y abstinencia.
MUNDO.　　　　Pues déjalo en mis manos; no me puedan
　　　　　　　decir que nadie saca sus blasones.
DISCRECIÓN.　No quiero; que en el mundo no se quedan
　　　　　　　sacrificios, afectos y oraciones;
　　　　　　　conmigo he de llevarlos, porque excedan
　　　　　　　a tus mismas pasiones tus pasiones;
MUNDO.　　　　No te puedo quitar las buenas obras.
　　　　　　　Éstas solas del mundo se han sacado.
REY.　　　　　¡Quién más reinos no hubiera poseído!
HERMOSURA.　¡Quién más beldad no hubiera deseado!
RICO.　　　　 ¡Quién más riquezas nunca hubiera habido!
LABRADOR.　　¡Quién más, ay Dios, hubiera trabajado!
POBRE.　　　　¡Quién más ansias hubiera padecido!
MUNDO.　　　 Ya es tarde; que en muriendo, no os asombre,
　　　　　　　no puede ganar méritos el hombre.
　　　　　　　Ya que he cobrado augustas majestades,
　　　　　　　ya que he borrado hermosas perfecciones,
　　　　　　　ya que he frustrado altivas vanidades,
　　　　　　　ya que he igualado cetros y azadones:
　　　　　　　al teatro pasad de las verdades,
　　　　　　　que éste el teatro es de las ficciones.
REY.　　　　　¿Cómo nos recibiste de otra suerte
　　　　　　　que nos despides?
MUNDO.　　　　　　　　　　　La razón advierte:
　　　　　　　cuando algún hombre hay algo que reciba,
　　　　　　　las manos pone, atento a su fortuna,
　　　　　　　en esta forma; cuando con esquiva
　　　　　　　acción lo arroja, así las vuelve. De una

	suerte, puesta la cuna boca arriba
	recibe al hombre; y esta misma cuna,
	vuelta al revés, la tumba suya ha sido.
	Si cuna os recibí, tumba os despido.
POBRE.	Pues que tan tirano el mundo
	de su centro nos arroja,
	vamos a aquella gran cena
	que en premio de nuestras obras
	nos ha ofrecido el Autor.
REY.	¿Tú también, tanto baldonas
	mi poder que vas delante?
	¿Tan presto de la memoria
	que fuiste vasallo mío,
	mísero mendigo, borras?
POBRE.	Ya acabado tu papel,
	en el vestuario ahora
	del sepulcro, iguales somos,
	lo que fuiste poco importa.
RICO.	¿Cómo te olvidas que a mí
	ayer pediste limosna?
POBRE.	¿Cómo te olvidas que tú
	no me la diste?
HERMOSURA.	¿Ya ignoras
	la estimación que me debes
	por más rica y más hermosa?
DISCRECIÓN.	En el vestuario ya
	somos parecidas todas,
	que en una pobre mortaja
	no hay distinción de personas.
RICO.	¿Tú vas delante de mí,
	villano?
LABRADOR.	Deja las locas
	ambiciones, que, ya muerto,
	del sol que fuiste eres sombra.
RICO.	No sé lo que me acobarda
	el ver al Autor ahora.
POBRE.	Autor del Cielo y la Tierra,

> y a tu compañía toda
> que hizo de la vida humana
> aquella comedia corta,
> a la gran cena, que tú
> ofreciste, llega; corran
> las cortinas de tu solio
> aquellas cándidas hojas.

*Con música se descubre otra vez el globo celeste, y en él una mesa
con cáliz y hostia, y el* AUTOR *sentado a ella; y sale el* MUNDO

AUTOR.   Esta mesa, donde tengo
pan que los cielos adoran
y los infiernos veneran,
os espera; mas importa
saber los que han de llegar
a cenar conmigo ahora,
porque de mi compañía
se han de ir los que no logran
sus papeles, por faltarles
entendimiento y memoria
del bien que siempre les hice
con tantas misericordias.
Suban a cenar conmigo
el pobre y la religiosa
que, aunque por haber salido
del mundo este pan no coman,
sustento será adorarle
por ser objeto de gloria.
(Suben los dos.)

POBRE.   ¡Dichoso yo! ¡Oh, quién pasara
más penas y más congojas,
pues penas por Dios pasadas
cuando son penas son glorias!

DISCRECIÓN.   Yo que tantas penitencias
hice, mil veces dichosa,
pues tan bien las he logrado.

| | Aquí dichoso es quien llora
| | confesando haber errado. |

REY.   Yo, Señor, ¿entre mis pompas
             ya no te pedí perdón?
             Pues ¿por qué no me perdonas?

AUTOR.   La hermosura y el poder
             por aquella vanagloria
             que tuvieron, pues lloraron
             subirán, pero no ahora,
             con el labrador también,
             que aunque no te dio limosna,
             no fue por no querer darla,
             que su intención fue piadosa
             y aquella reprehensión
             fue en su modo misteriosa
             para que tú te ayudases.

LABRADOR.   Esa fue mi intención sola,
             que quise mal vagabundos.

AUTOR.   Por eso os lo premio ahora,
             y porque llorando culpas
             pediste misericordia,
             los tres en el Purgatorio
             en su dilación penosa
             estaréis.

DISCRECIÓN.   Autor divino
             en medio de mis congojas
             el Rey me ofreció su mano
             y yo he de dársela ahora.
             (Da la mano al REY, y sube.)

AUTOR.   Yo le remito la pena
             pues la religión le abona;
             pues vivió con esperanzas,
             vuele el siglo, el tiempo corra.

LABRADOR.   Bulas de difuntos lluevan
             sobre mis penas ahora,
             tantas que por llegar antes
             se encuentren unas a otras;

pues son estas letras santas
del Pontífice de Roma
mandamientos de soltura
de esta cárcel tenebrosa.

NIÑO.   Si yo no erré mi papel,
¿por qué no me galardonas,
gran Señor?

AUTOR.   Porque muy poco,
le acertaste; y así, ahora,
ni te premio ni castigo.
Ciego, ni uno ni otro goza,
que en fin naces del pecado.

NIÑO.   Ahora, noche medrosa
como en un sueño me tiene
ciego sin pena ni gloria.

RICO.   Si el poder y la hermosura
por aquella vanagloria
que tuvieron, con haber
llorado, tanto te asombran,
y el labrador que a gemidos
enterneciera una roca
está temblando de ver
la presencia poderosa
de la vista del Autor,
¿cómo oso mirarla ahora?
Mas es preciso llegar,
pues no hay adonde me esconda
de su riguroso juicio.
¡Autor!

AUTOR.   ¿Cómo así me nombras?
Que aunque soy tu Autor, es bien
que de decirlo te corras,
pues que ya en mi compañía
no has de estar. De ella te arroja
mi poder. Desciende adonde
te atormente tu ambiciosa

| | condición eternamente |
| | entre penas y congojas. |

RICO.   ¡Ay de mí! Que envuelto en fuego
                 caigo arrastrando mi sombra
                 donde ya que no me vea
                 yo a mí mismo, duras rocas
                 sepultarán mis entrañas
                 en tenebrosas alcobas.

DISCRECIÓN.   Infinita gloria tengo.

HERMOSURA.   Tenerla espero dichosa.

LABRADOR.   Hermosura, por deseos
                 no me llevarás la joya.

RICO.   No la espero eternamente.

NIÑO.   No tengo, para mí, gloria.

AUTOR.   Las cuatro postrimerías
                 son las que presentes notan
                 vuestros ojos, y porque
                 destas cuatro se conozca
                 que se ha de acabar la una,
                 suba la Hermosura ahora
                 con el Labrador, alegres,
                 a esta mesa misteriosa,
                 pues que ya por sus fatigas
                 merecen grados de gloria.   *(Suben los dos.)*

HERMOSURA.   ¡Qué ventura!

LABRADOR.   ¡Qué consuelo!

RICO.   ¡Qué desdicha!

REY.   ¡Qué victoria!

RICO.   ¡Qué sentimiento!

DISCRECIÓN.   ¡Qué alivio!

POBRE.   ¡Qué dulzura!

RICO.   ¡Qué ponzoña!

NIÑO.   Gloria y pena hay, pero yo
                 no tengo pena ni gloria.

AUTOR.   Pues el ángel en el cielo,
                 en el mundo las personas
                 y en el infierno el demonio

todos a este Pan se postran;
en el infierno, en el cielo
y mundo a un tiempo se oigan
dulces voces que le alaben
acordadas y sonoras.
(Tocan chirimías,[37] *cantando el «Tantum ergo»*[38]
   muchas veces.)

MUNDO.   Y pues representaciones
es aquesta vida toda,
merezca alcanzar perdón
de las unas y las otras.

37 Instrumento musical de viento.
38 Himno compuesto por Santo Tomás para las fiestas del *Corpus.*

EL GRAN MERCADO

DEL MUNDO

PERSONAJES

El Buen Genio
El Mal Genio
La Malicia
La Inocencia
La Gracia
La Culpa
La Fama
La Gula
El Mundo
El Susto
La Fe
La Herejía
La Soberbia
La Humildad
El Padre de Familias
La Penitencia
El Desengaño
La Hermosura
La Lascivia
La música

Sale la FAMA, *cantando por lo alto del tablado en una apariencia que pasa de un lado a otro*

FAMA. ¡Oíd, mortales, oíd,
y al pregón de la Fama
todos acudid!

MÚSICA. *(Dentro.)*
Y al pregón de la Fama
todos acudid.

Sale el BUEN GENIO, *con admiración*

BUEN GENIO. Pájaro que al firmamento
lleno de lenguas y plumas,
subes con tal movimiento,
que antes que volar presumas,
te dejas atrás el viento.

Sale la MALICIA

MALICIA. Ave que llena de galas
rompes altiva y veloz,
del sol las etéreas salas,
y parándole a tu voz,
le oscureces con tus alas.

Sale el MAL GENIO

MAL GENIO. Prodigio de asombro tanto,
que al cielo el penacho encumbra,
cuyo bellísimo encanto

GRACIA.

con la vista nos deslumbra,
nos suspende con el canto.
Monstruo, que con las supremas
regiones las plumas bates,
y sin que aire y fuego temas,
las hielas si las abates,
y si las alzas, las quemas.

Sale el PADRE DE FAMILIAS

PADRE DE F.

Vivo bajel, que desmayos
das al aire, a quien te entregas,
y abriles sembrando y mayos,
golfos de átomos navegas,
piélagos surcas de rayos.

Sale la INOCENCIA

INOCENCIA.

Pajarote, que con lazos
de cera y cáñamo apoya
tu vuelo, y en breves plazos,
si te caes de la tramoya
te harás cuatro mil pedazos.

BUEN GENIO.   ¿Qué trofeo es el que adquieres?
MAL GENIO.   ¿Adónde vas de esos modos?
MALICIA.   ¿Qué solicitas?
GRACIA.   ¿Quién eres?
INOCENCIA.   ¿Qué miedo llevas?
PADRE DE F.   ¿Qué quieres?
FAMA.   Que me estéis atentos todos.
               (Cantan.) *¡Oíd, mortales, oíd,*
               y al pregón de la Fama
               todos acudid!
MÚSICA.   *Y al pregón de la Fama*
               todos acudid.
FAMA.   *(Canta.)* *En la gran plaza del Mundo*
               del monarca más feliz,

	hoy se hace un mercado franco;
	todos a comprar venid.
	¡Oíd, oíd,
	y al pregón de la Fama
	todos acudid!
MÚSICA.	*Y al pregón de la Fama*
	todos acudid.
FAMA.	*(Canta.) En él se vende de todo;*
	pero atended, y advertid
	que el que compra bien o mal
	no lo conoce hasta el fin.
	¡Oíd, oíd,
	y al pregón de la Fama
	todos acudid!
MÚSICA.	*Y al pregón de la Fama*
	todos acudid.
TODOS.	Buena nueva.
PADRE DE F.	Mala nueva.
	(Cúbrese la apariencia de la FAMA.*)*
MAL GENIO.	Pues ¿por qué, Padre, nos di,
	no es buena nueva llegar
	de la veloz Fama a oír
	que hoy hace un mercado el Mundo
	franco, donde puedan ir
	los Genios a comprar cuanto
	necesiten para sí?
PADRE DE F.	Porque también de la Fama
	en ese pregón oí
	que vende el Mundo de todo,
	y sólo será feliz
	quien su talento empleare
	bien o mal; se ha de advertir
	que dijo que el bien o el mal
	no se conoce hasta el fin.
INOCENCIA.	Otra razón diera yo
	mucho mejor que esa.
TODOS.	Di.

INOCENCIA.   Que no importará que venda
el Mundo cuanto haya si
no hay en todo el Mundo quien
tenga dos maravedís.

BUEN GENIO.   Padre de familia eres,
cuyo caudal competir
puede con cuantos monarcas
ve el sol, desde que a lucir
corre el pabellón de nieve
la cortina de carmín
hasta que, después de haber
elevádose al cenit,
desciende al húmedo albergue
del contrapuesto nadir.
Tus hijos somos los dos;
nunca has querido partir
la hacienda, ni darnos nuestras
legítimas, por decir
que has de hacer un mayorazgo
en el vuestro; y siendo así,
que los dos nacimos juntos
sin saber, sin advertir
cuál fuese el mayor, nos tienes
no declarado hasta aquí
a cuál has de reprobar
ni a cuál has de preferir.
Yo, pues, que siempre a mi hermano,
ventajas reconocí
en sus méritos, con estas
nuevas dar quiero un sutil
medio que a los tres componga:
a ti, a mi hermano y a mí,
sin que él se pueda enojar
de que mejorado fui
yo en la partición, ni yo
de que él lo fuese; y, en fin,
contentos los dos, podrás

      tú el deseo conseguir
      de fundar el mayorazgo,
      sin la pena de elegir
      entre tus hijos.

PADRE DE F.   ¿Y cómo
      eso puede ser?

BUEN GENIO.   Así.
      Dame un talento[1] no más,
      y yo renunciaré aquí
      el derecho de tu herencia
      en mi hermano, porque ir
      quiero con él al mercado
      y emplearle en su gentil
      plaza: con tal condición,
      que si le gastare allí
      tan bien que sepa con él
      tantos bienes adquirir
      que vuelva rico a tus ojos,
      me has de entregar por feliz
      esposa a Gracia, esa bella
      serrana, que a competir
      vino con el sol a rayos,
      y a flores con el abril,
      a estos montes extranjera
      de otro más bello país.

MAL GENIO.   Con esa condición no
      me puede estar bien a mí
      la renunciación, porque
      no puedo yo desistir
      de la acción de ser esposo
      de Gracia, si para mí,
      en precio de su hermosura,
      sus venas sangrase Ofir,[2]

1 *talento:* antigua moneda griega y romana, aquí utilizada como valor imaginario.

2 *Ofir:* región de donde se traía el oro y las mercaderías preciosas en tiempos bíblicos.

si viese agotar el mar,
y su seno azul turquí
me franquease los tesoros
que ha tantos siglos que allí,
inútilmente perdidos,
a nadie pueden servir.

BUEN GENIO.   Siempre has sido opuesto mío;
en mi vida discurrí
en cosa que no te hallase
contrario.

MAL GENIO.   Si el competir
no puede hacerlo uno solo,
no me des la Culpa a mí,
pues es de todos la culpa.

BUEN GENIO.   No es, que tu condición...

MAL GENIO.   Di.

BUEN GENIO.   No lo hace por amar,
sino por contradecir.

MAL GENIO.   Yo quiero a Gracia; y pues tú
no me puedes preferir
en méritos, que este solo
conocimiento debí
a tu discreción, bien puedes
olvidarla desde aquí,
pues ya una vez declarado
no he de poderte sufrir
en competencia.

BUEN GENIO.   Que en partes
yo no te iguale, es así;
pero en el amor te excedo,
y no es posible rendir
a partido la esperanza.

MAL GENIO.   Yo haré, villano, que sí;
que si eres fingido Abel,
soy verdadero Caín.

(Saca un puñal, y se pone el PADRE *en medio.)*

PADRE DE F.   ¿Qué es esto? ¿Pues no miráis,
                villanos, que estoy yo aquí?
MAL GENIO.   ¿Qué importa que estés?
BUEN GENIO.   Perdona,
                (Arrodillándose.)
                señor si pesar te di.
GRACIA.   Uno humilde, otro soberbio,
                compiten los dos por mí;
                fácil es de conocer
                el que me ha de conseguir.
PADRE DE F.   Detente, tú; tú, levanta,
                y atentos los dos oíd:
                hijos, ya que declarada
                está la guerra civil,
                (estorbar me importa que
                no sea el segundo jardín
                teatro, como el primero,
                de una tragedia infeliz),
                Gracia, que en mi confianza
                hoy vive y ha de vivir
                eternamente, es, y ha sido,
                más de lo que presumís,
                porque aun no la encareciera
                diciendo que emperatriz
                es del imperio mayor
                que cubre ese azul viril,[3]
                por cuantos rumbos el sol
                huella campos de zafir
                desde que topacio nace
                hasta que muere rubí
                (aqueste valle, que es valle
                de lágrimas, donde fui
                Padre de Familias yo,
                siendo en todo su confín
                el género humano) vino

---

3 *azul viril:* cristal que cubre la Sagrada Forma. Figuradamente, el cielo.

con su esposo, discurrir
podéis quién pudo ser quien
a Gracia trajo tras sí.
Disfrazado entró en el valle,
solamente por cumplir
una promesa que hizo
a la casa de David.
Viéndole, pues, encubierto
de este nuestro sayal vil,
le dieron muerte traidores,
sin conocerle (¡ay de mí!)
que no sin llorar los ojos
lo puede la voz decir.
Quedó Gracia en mi poder
disfrazada, porque, en fin,
quien a él le desconoció
era fuerza (¡ay infeliz!)
que a ella también (¡qué desdicha!)
desconociese; y así,
a Ley de Gracia la vemos
ilustraros y lucir
los montes de nuestro valle,
serrana y más serafín.
Dejemos en este estado
sus fortunas, que acudir
quiero a la lid de los dos
por componeros la lid.
El género humano soy,
Padre de Familias, sí,
pues sustento cuantos ve
nacer el día y morir.
Entre ellos los dos nacísteis,
y yo, que a un tiempo me di
a las ciencias, hacer quise
una experiencia sutil
en ese hermoso matiz
de quien la luz es pincel,

de quien la sombra es buril,
vuestros genios, y en los dos
hallé tan dudoso fin,
que uno Buen Genio, otro Malo,
en mi estudio os advertí.
Ésta es la causa por qué
no me he atrevido a elegir
heredero de mi hacienda
hasta ver, hasta advertir,
cuál de los dos (procediendo
en el modo de vivir)
por si desmerecerá
o merecerá por sí
el mayorazgo; y pues hoy
vuestra competencia vi,
hacer experiencia quiero
de los dos para que, así,
ni uno tenga que estimar
ni otro tenga que sentir.
Gracia ha de ser de quien sólo
la merezca conseguir
por sus obras; los dos, pues,
al gran mercado habéis de ir
del Mundo, talento igual
daré a los dos, y advertid
que el que mejor lo empleare
y vuelva después aquí
con más adquiridos bienes,
esposo será feliz
de Gracia, y no solamente
mi heredero; mas oíd
lo que os advierto: heredero
será de su reino; así,
emplead bien el caudal
porque al que viere venir
disipador del talento
que para ganar le di,

	cerrada hallará la puerta,

                         cerrada hallará la puerta,
                         y que hallaréis, advertid,
                         bien y mal, y mal y bien
                         no se conoce hasta el fin.   *(Vase.)*

MAL GENIO.   Ufano y desvanecido
                         con el partido me dejas.

BUEN GENIO. A mí, no, que antes mis quejas
                         se aumentan con el partido.

GRACIA.   ¿Por qué tanto aliento cobras
                         tú con esa condición?

MAL GENIO.   Porque espera mi ambición
                         merecerte por mis obras.

GRACIA.   Y tú, ¿por qué de esa suerte
                         das al viento la esperanza?

BUEN GENIO. Porque mi desconfianza
                         nunca aguarda merecerte.

MAL GENIO.   Algún favor, Gracia, espero
                         para partir.

GRACIA.   Sí daré.   *(Dale una rosa.)*
                         Que yo a ninguno negué
                         mi favor.

BUEN GENIO.   Siendo así, quiero
                         pedirte otro para mí.

GRACIA.   Igual que a él ha de ser.   *(Dale otra rosa.)*

BUEN GENIO. En fin, ¿tu favor nos das
                         sin merecerlo?

GRACIA.   Sí doy,
                         que por eso Gracia soy;
                         porque si lo mereciera
                         el hombre, justicia fuera
                         y no gracia; y así, os doy
                         aqueste favor primero,
                         porque pueda vuestro ser
                         ir con él a merecer
                         el segundo, con que espero
                         premiaros, después que yo
                         quiera Dios que al hombre ofrezca

un favor, porque merezca,
y otro porque mereció,
que aun en lo que es Gracia funda
su justicia de manera
que ayuda con la primera
y premia con la segunda;
y así, id los dos al mercado,
y pues mi favor lleváis,
mirad bien cómo empleáis
el talento que os he dado;
y ya que en concierto tal
vuestros afectos se ven,
y allá hay del mal y del bien,
traed el bien, dejad el mal.   *(Vase.)*

BUEN GENIO.   Pues ya nuestra competencia
a conciertos ha venido
que vamos juntos te pido.

MAL GENIO.   No he de tener yo paciencia
para sufrirte; y así
mira qué camino quieres
tomar, porque donde fueres
no he de ir yo; y también me di
que criado has de llevar,
porque lleve otro criado.

BUEN GENIO.   Yo de lo áspero me agrado
del monte, aunque den pesar
sus abrojos a mis pies.

MAL GENIO.   Pues yo me iré por el llano
gozando el fresco verano.

BUEN GENIO.   La Inocencia escojo, pues,
para que vaya conmigo.

INOCENCIA.   ¿A mí?

BUEN GENIO.   Sí.

INOCENCIA.   El primero eres
que para tuyo me quieres.

MAL GENIO.   Buen camarada y amigo
llevas; si su parecer

	en lo que compras te da, bueno el empleo será.
INOCENCIA.	Pues ¿por qué no lo ha de ser?
BUEN GENIO.	¿A quién quieres tú llevar?
MAL GENIO.	Divertimientos codicia mi pensamiento. ¿Malicia?
MALICIA.	¿Qué?
MAL GENIO.	Tú me has de acompañar.
MALICIA.	Sí haré, y de muy buena gana, que todos mis gustos fundo en ver la plaza del Mundo.
BUEN GENIO.	¡Ay bellísima serrana, tarde merecerte espero!
MAL GENIO.	Yo, presto.
BUEN GENIO.	Adiós, pues.
MAL GENIO.	Adiós.

(Al irse a entrar los dos GENIOS, *les sale al paso la*
CULPA, *vestida de villano.)*

CULPA.	Esperad, no os vais los dos sin que me escuchéis primero. Hijos del género humano, gran Padre de Familias, Genios del hombre, que sois inclinaciones distintas, pues a la plaza del Mundo a examinar os envía para ver quién su talento lo emplea o lo desperdicia, y a quién deba hacer después heredero de la Viña del Señor y digno esposo de Gracia, dejad que os diga, primero que os ausentéis, causas que tengo precisas para sentir de los dos los engaños, las malicias en que me dejáis, muriendo

de amor, de celos y envidia.
Yo, antes que al valle viniera
esa beldad peregrina
(no tanto por su hermosura,
su gala y su bizarría,
cuanto por venir a él
peregrinando en desdichas
de otros montes a estos valles
extraña y advenediza),
¿no fui de vuestros amores
la deidad, a quien rendida
ofreció la libertad
sus finezas y caricias?
¿Qué tronco hay en todo el valle
que en sus cortezas no escriba
mi nombre, diciendo alguno
más que otros en sus cifras?
Vegetariano padrón
soy, que en el confuso enigma
de este carácter repito
el tema: la Culpa viva.
¿Pues por qué teniendo yo
la posesión conseguida
(en los aplausos del valle,
que en mi deidad sacrifican
las libertades tan presto,
que no hay criatura nacida
que de mis amores no
muera primero que viva)
en servicio de otra esposa,
uno y otro afecto olvida
mi hermosura?

BUEN GENIO.   ¡Calla!
MAL GENIO.   ¡Calla!
BUEN GENIO. No prosigas.
MAL GENIO.   No prosigas.
BUEN GENIO. Culpa, que al oír tu voz...

MAL GENIO.   ...que al mirar, Culpa, tu vista...
BUEN GENIO.   ...el nuevo propuesto mío...
MAL GENIO.   ...la nueva esperanza mía...
BUEN GENIO.   ...mudo en el pecho se queda...
MAL GENIO.   ...sorda en el alma se irrita.
BUEN GENIO.   Verdad es (¡con qué vergüenza
               me permite que lo diga
               el dolor!) que fuiste dueño
               de mi libertad cautiva.
MAL GENIO.   Verdad es (no me embarazo
               en que la voz lo repita)
               que te quise.
BUEN GENIO.   Pero ya
               que otra beldad solicita
               mi amor...
MAL GENIO.   Pero ya que a más
               alto empleo mi fe aspira
BUEN GENIO.   ...eres basilisco que
               me matas cuando me miras.
MAL GENIO.   ...eres áspid que entre flores
               mortales venenos vibras.
BUEN GENIO.   Eres astuta serpiente
               que con rostro humano hechizas.
MAL GENIO.   Eres víbora, que muerdes
               la fruta con que me brindas.
BUEN GENIO.   Y así, huiré de tus halagos...
MAL GENIO.   Y así huiré de tus caricias...
BUEN GENIO.   ...donde pretenda mi amor.
MAL GENIO.   ...donde mi afecto consiga.
BUEN GENIO.   ...sin que tus voces me muevan...
MAL GENIO.   ...aunque tu mal me lastima...
BUEN GENIO.   ser de Gracia eternamente.
MAL GENIO.   ...tener a Gracia por mía.   (Vanse.)
CULPA.   ¡Ay de mí! ¿Qué es esto, cielos?
               ¿Qué pasa por mí? ¡Mi altiva
               vanidad, mi presunción
               tan postrada, tan rendida

yace; y aquí de las aras
que encendió su idolatría
en mi pecho dura el fuego
y en los suyos las cenizas?
Los galanes de este valle
de lágrimas, que solían
darme adoración, me dejan
despreciada y ofendida,
después que su esposo ha muerto,
en él Gracia hermosa habita.
Pero ¿qué importa, qué importa
que la libertad la rindan
los dos hijos de los Genios
del Gran Padre de Familias
que son las inclinaciones
que dentro del hombre lidian,
si aunque los dos la pretendan,
la adoren, la amen, la sirvan,
si no es con perfectas obras,
no es posible que consigan
más que el primero favor
de su hermosura divina?
Y yo haré que no lo sean,
turbando desde este día
sus acciones, y también
ella las tenga por dignas
del segundo, y las desprecie,
viendo que ambos desperdician,
en el mercado, el talento
que el Padre a cada uno libra.
Para esto, pues, soy la Culpa,
y por esta razón misma
la mentira, pues nació
la culpa de la mentira;
en varias formas mudada,
en varios trajes vestida,
veré si de sus empleos

las elecciones peligran,
de suerte que nunca puedan
ser de la Gracia bien vistas.
El nombre que he de tomar
(pues es corriente doctrina,
porque la oposición tengo
cuantos a Dios se le aplican)
será Piedra, que si él
la piedra preciosa y rica
es fundamental, y a mí
escándalo me apellidan
doctores, seré la piedra
del escándalo y la ruina.
Malas costumbres sembrar
solicito en cuantos vivan,
urdiendo telas de engaños
de que los hombres se vistan;
con que mi nombre será,
mas no importa que lo diga,
que de Piedra, y de urdir malas
costumbres, ello se explica.
Veré si mi maña puede,
en la plaza introducida
del Mundo, vengar los celos
que me ahogan, las desdichas
que me afligen, los rencores
que me matan, las envidias
que en el corazón me muerden,
áspides cuyas salivas
son las lágrimas que lloran
mis ojos, son las novicias
ponzoñas que aborta el pecho
y que el corazón respira.
Yo soy Piedra (¡el mundo tiemble!);
a urdir voy (¡el cielo gima!)
malas costumbres (¡mortales!);
rayos mis enojos vibran,

fuego mis labios arrojan,
llamas mis voces fulminan;
temblad, temblad de mis rabias;
temed, temed de mis iras.   *(Vase.)*

Salen la GULA, *vestida de ventero, y la* LASCIVIA, *de criada*

GULA.   Lascivia, ¿están puestas, di,
las mesas para que tengan
dónde comer cuantos vengan
del Mundo al mercado?

LASCIVIA.   Sí.

GULA.   Día es hoy de forasteros;
la ganancia está segura,
pues mi Gula y tu hermosura
malsanos y sin dineros
los enviarán.

LASCIVIA.   A ese fin
te sirvo, pues nadie pasa
que no pare en esta casa
de Gula por el confín
que pusiste en monte y llano,
porque por ningún camino
venga al Mundo peregrino
que aquí no haga venta.

GULA.   Es llano,
porque nadie sin comer
al Mundo puede pasar
a tratar y contratar
en su mercado.

LASCIVIA.   Temer
puedo una cosa no más.

GULA.   ¿Qué es?

LASCIVIA.   Que sola en casa estoy,
y por manos que me doy
no puedo acudir jamás
a todo, y más si a advertir

	llego a otros, sean quien fueren
	Gula y Lascivia, más quieren
	ser servidos que servir.
GULA.	Es así, y recibiré
	entre la gente que acude
	un criado que te ayude.

Sale la CULPA, *vestida de mozo de mesón*

CULPA.	Paz sea aquí; ahora escuché,
	en ese umbral arrojado,
	donde cansados los bríos
	me eché, la falta, amos míos,
	que hace a los dos un criado;
	y porque pienso que yo
	servir a los dos sabré,
	que bien todo el arte sé
	venteril, me pareció
	daros parte de mi intento,
	porque un dueño que tenía
	pasó adelante este día
	y me dejó sin aliento,
	ufano, pobre y cansado;
	y así, me es fuerza elegir
	otro modo de vivir.
GULA.	El mancebo es despejado.
LASCIVIA.	Y hermoso.
CULPA.	Bástame aquello;
	no lo hagáis vos sospechoso,
	despejado vaya; hermoso,
	no quiero venir en ello
	porque ya sé que perdí
	la hermosura que tenía
	desde aquel infeliz día
	que una gran caída di.
	En efecto, si queréis
	que os sirva, bien pienso yo

que os agrade, porque no
será posible que halléis
más a propósito vuestro
criado para la venta;
porque sé hacer una cuenta,
que engaño al hombre más diestro.
Sólo por una manzana
que a un hombre le vendí yo,
casa y familia dejó
en empeño, y cosa es llana
que tengo para otra cosa
que a vos es perteneciente,
porque hasta una serpiente
hice parecer hermosa;[4]
Gula y Lascivia, de mí
os fiad, que os serviré;
y más ganacia os daré
en un día, que hasta aquí
habéis tenido en mil años,
porque no ignoro los modos
que se han de tener con todos
sirviendo vuestros engaños:
al noble, con vanidad;
al soberbio, con grandeza;
al mercader, con limpieza;
al pobre, con voluntad;
al rico, con alabanza;
al ministro, con secreto;
con lisonjas al discreto;
al triste, con esperanza;
con aplauso, al liberal;
al avaro, con desdén;
al casto, hablándole bien;
tratando al lascivo mal,

---

4 Curiosamente, la Culpa se identifica aquí con el Demonio. En otros
autos son dos personajes distintos.

	y al necio; pero con nada se puede hacer de él aprecio, porque no ha de darse al necio más que la paja y cebada.
GULA.	Digo que me has agradado, y que quiero que te quedes en casa.
LASCIVIA.	Y en ella puedes ser más dueño que criado, porque desde que te vi me abraso en mi mismo fuego.
CULPA.	Luego nos veremos.
LASCIVIA.	Luego. Ya me has entendido.
CULPA.	Sí.
GULA.	¿Cómo te llamas?
CULPA.	No sé. pero Pedro has de llamarme.
LASCIVIA.	Pedro, el alma has de costarme.
CULPA.	Si ya es mía, ¿para qué me haces de ella ofrecimiento?
INOCENCIA.	*(Dentro.)* ¿No pararemos aquí, señor, un instante?
BUEN GENIO.	Sí.
GULA.	Ruido en el camino siento.
LASCIVIA.	Caminantes van llegando.
CULPA.	Y de dos que espero yo, uno es el que en casa entró.

Salen el BUEN GENIO *y la* INOCENCIA *de camino*

BUEN GENIO.	¿Habrá posada?
GULA.	¿Pues cuándo faltó a ningún caminante en la casa de la Gula?
INOCENCIA.	Cuando sin dinero y mula dice que pase adelante,

	porque no puede comer
	lo que quiere.
GULA.	Esos rigores
	no se usan aquí, señores;
	vuestro cuarto ahí ha de ser.
LASCIVIA.	¿Venís a pie?
BUEN GENIO.	Y muy cansado.
CULPA.	Miren que mucho, si a fe
	habiendo venido a pie,
	¿haos, por ventura, faltado
	en qué venir?
BUEN GENIO.	No, que así
	sólo por mi gusto ando,
	por venir peregrinando
	del Mundo al mercado.
GULA.	Aquí
	podéis descansar los dos.
	Voy a que un cuarto se os abra;
	comeréis. *(Vase.)*
INOCENCIA.	Esa palabra
	está gozando de Dios.
LASCIVIA.	Y así en habiendo comido
	quisiérades descansar,
	de jazmín, clavel y azahar
	tendréis un catre mullido.
BUEN GENIO.	¡Qué hermosura! ¿Quién será,
	beldad, que así arrebató
	mis sentidos?
INOCENCIA.	Qué sé yo.
CULPA.	Llegue yo, pues duda ya;
	oíd: con alguna disculpa,
	yo haré que esta mi señora
	entre en vuestro cuarto.
BUEN GENIO.	Ahora
	conozco quién eres, Culpa,
	porque aunque mudes de traje,
	no mudas de inclinación,

                        y de mi afecto no son
                        ni esa voz ni ese lenguaje.
                        Inocencia, huye de aquí.

CULPA.   Oye.
BUEN GENIO.   Sabiendo quién eres,
                        no he de esperar: ven.
INOCENCIA.   ¿No quieres
                        descansar?
BUEN GENIO.   Yo, no.
INOCENCIA.   Yo, sí.   *(Siéntase.)*
BUEN GENIO. Mira que aquí hay que temer.
INOCENCIA.   También aquí hay que almorzar.
BUEN GENIO. Hoy es día de ayunar.
INOCENCIA.   Hagámosle de comer.
BUEN GENIO. Vamos de aquí, no blasone
                        casa, que de vicios es,
                        que en ella puse los pies.
INOCENCIA.   Miren que falta le pone.
LASCIVIA.   Sosegaos.
BUEN GENIO.   ¿Cómo puedo?
                        Ven, Inocencia, conmigo.
INOCENCIA.   Harto a mi pesar te sigo.
CULPA.   Pues quédate.
INOCENCIA.   Ya me quedo.
CULPA.   A descansar.
INOCENCIA.   Yo sí haré.   *(Siéntase.)*
BUEN GENIO. No harás tal.
INOCENCIA.   ¡Ay, que me mata!
BUEN GENIO. Que no has de decir, ingrata,
                        que mi Inocencia dejé
                        en tu poder. Vamos presto.
CULPA.   Llevarle intentas en vano.   *(Tiran los dos de él.*

          Salen el MAL GENIO, *de gala, y la* MALICIA

INOCENCIA.   ¡Ay!
MAL GENIO.   ¿Qué es esto?

BUEN GENIO.   Escucha, hermano,
                    que yo te diré qué es esto.
                    De aquel soberbio Nembroth[5]
                    de quien Dios venganza toma,
                    éste es fuego de Sodoma,
                    de quien yo huyendo voy;
                    no te pares; su castigo
                    teme, que yo no me atrevo
                    a esperarte, ya que llevo
                    a mi Inocencia conmigo.   *(Vanse.)*

MAL GENIO.   No lo entiendo.
LASCIVIA.   Iras el pecho
                    brota viéndome dejar.
CULPA.   Esto es, que por no pagar
                    la costa que en casa ha hecho,
                    del enojo se ha valido.
MAL GENIO.   Muy mal la cólera os mueve,
                    que yo os daré lo que debe
                    ya que a este tiempo he venido.
MALICIA.   Es muy liberal, haced
                    que mesa se le prevenga
                    y muy bien que comer tenga.
LASCIVIA.   Que os serviremos creed,
                    y daros comida espero,
                    que la pueden envidiar
                    las mesas de Baltasar
                    y los banquetes de Asuero;
                    limpia cama aderezada,
                    y ropa tendréis después;
                    con las calidades tres
                    de blanca, blanda y delgada.
MAL GENIO.   ¿Después de eso, si os obligo
                    con deciros que ya os quiero,
                    veréisme vos?
CULPA.   Caballero,

5 El Nemrod bíblico.

eso se ha de hablar conmigo.
Entrad, que palabra os doy
de que cuanto deseáis
en esta casa tengáis,
o no seré yo quien soy.

MAL GENIO.   Esto a mi agradecimiento
primer indicio será.

CULPA.   Albricias, infierno; ya
tengo parte en un talento.

MALICIA.   ¿Señor?

MAL GENIO.   ¿Qué me quieres?

MALICIA.   No has
reparado en que esté aquí
la Culpa?

MAL GENIO.   ¿La Culpa?

MALICIA.   Sí.
¿No la ves?

MAL GENIO.   ¡Qué loco estás!
¿Eso habías de pensar?
No en vano Malicia eres,
pues que esté la Culpa quieres
en comer y descansar;
mas ¡ah, infeliz!

MALICIA.   ¿Qué ha sido?
¿Qué es lo que buscas, señor?
(Busca la rosa que le dio la GRACIA.)

MAL GENIO.   Que en el camino el favor
de Gracia se me ha perdido.   *(Vanse.)*

CULPA.   Éste no me ha conocido,
pues a pensar no ha llegado
que hay culpa en haber deseado;
con que el favor ha perdido.
Lascivia, ese forastero
tuyo es, síguele, que yo
no puedo vivir si no
voy tras el que entró primero.

ASCIVIA.	¿Luego para esto has venido
	solamente a la posada?
ULPA.	Sí, que yo haré poco o nada
	en asistir al rendido;
	al que rendir procuré,
	y no pude, es al que yo
	he de seguir; y así, no
	hay, Lascivia, para qué
	esté aquí, que si venció
	primero a la mujer bella
	la Culpa, y al hombre ella,
	quedando tú, no hago yo
	falta, que en tu proceder
	tiene mi ausencia disculpa,
	que no hace falta la Culpa
	donde queda una mujer.
ASCIVIA.	Espera.
ULPA.	No he de esperar.
ASCIVIA.	Advierte.
ULPA.	Suelta.
ULA.	¿Qué es esto?
ASCIVIA.	Pedro quiere irse.
	¿Tan presto,
	Pedro, nos quieres dejar?
ULPA.	Impórtame ir al mercado,
	tras un hombre que allá va.
ULA.	Todos hemos de ir allá,
	en habiendo a éste robado,
	pues toca a todos; que aquel
	hombre que de aquí salió
	de los tres huyendo, no
	se alabe, que la cruel
	violencia mía ha vencido.
ULPA.	Pues si le hemos de seguir,
	cada uno ha de elegir
	segundo nombre, y vestido;

	porque advertido no esté de quién somos.
GULA.	Es así; y yo, que la Gula fui, el Apetito seré, que es el disfraz de la Gula.
LASCIVIA.	Yo, que la Lascivia soy, seré la Hermosura hoy, que es quien más me disimula.
CULPA.	Pues yo, si a escucharte llego, que como Apetito vas, ciego por fuerza serás, yo seré mozo de ciego.
GULA.	Robemos ahora aqueste que hoy está en nuestro poder que bien podremos hacer que a esotro el talento cueste mi apetito y tu belleza.
CULPA.	Poco será el vencimiento del que a gastar su talento por Gula y Lascivia empieza. *(Vanse.)*

Sale el MUNDO, *muy adornado, en una tramoya*

MUNDO.	Ya que veloz la Fama con dulces voces al concurso llama, del franco [6] de este día, que a ostentación de la grandeza mía hacer quise, juntando en esta plaza mi poder, y dando satisfacción de cuanto, generoso monarca soy, invicto y poderoso, ponerme quiero a ver en esta entrada cómo, desde la tórrida a la helada

6 *franco:* «Usado como sustantivo se toma por el tiempo en que dura la
feria en que se vende libre de derechos» *(Diccionario de Autoridades).*

> zona, diversas gentes,
> con trajes y costumbres diferentes,
> van a la plaza entrando,
> de quien yo la razón iré tomando,
> porque en saber mis vanidades fundo
> cuanto en su redondez contiene el mundo.
> ¡Ea mortales!, ya ha llegado el día
> de la gran feria de mi monarquía;
> jueves es, venid todos al Mercado,
> pues sabéis que es el jueves día feriado,
> y vosotros, veloces
> vientos, decid con repetidas voces;
> *(Dentro,* MÚSICA.)

MÚSICA.   *Vicios y virtudes*
serían sus premios.
¡Oh, feliz el que emplea
bien sus talentos!

Sale la SOBERBIA *con un sombrero de plumas en la mano y una pieza de tela como cogida*

MUNDO.   ¿Quién eres tú, que vienes la primera?
SOBERBIA.   Soy la Soberbia, hermosa y lisonjera
deidad de los humanos,
por mis muchos aplausos soberanos.
MUNDO.   ¿Qué vendes?
SOBERBIA.   Entre mil grandezas sumas,
las ricas telas y las rizas plumas.
MUNDO.   Entra y toma lugar.
SOBERBIA.   Aunque es la plaza
tan grande, mi deidad te la embaraza
toda, pues parte en ella jamás supe
haber que mi soberbia no la ocupe.

Sale la HUMILDAD *con un sayal*

MUNDO.   ¿Tú quién eres?

HUMILDAD.	Pues sigo a la Soberbia, ser la Humildad digo.
MUNDO.	¿Qué traes tú?
HUMILDAD.	Sayales hábitos de las penas y los males, baldones y desprecios.
SOBERBIA.	Muy bien los venderás, que hay muchos necios.
HUMILDAD.	Sí venderé, pues se cantó por esto:
MÚSICA.	*¡Oh, feliz del que emplea bien su talento!*

Sale la LASCIVIA, *dama, con flores*

MUNDO.	¿Quién eres tú, que vienes tan ufana?
LASCIVIA.	Soy la Hermosura humana.
MUNDO.	¿Qué llevas?
LASCIVIA.	Breves flores, que soy toda accidentes y colores; caudal que la edad vive de un engaño.

Sale el DESENGAÑO *con un espejo*

DESENGAÑO.	Yo lo diré.
MUNDO.	¿Quién sois?
DESENGAÑO.	El Desengaño.
MUNDO.	¿Qué vendéis?
DESENGAÑO.	Este espejo vendo solo, en quien aquellas flores acrisolo, mostrando que la púrpura de Tiro grana es de polvo al último suspiro.
LASCIVIA.	Para temer al Desengaño es presto.
MÚSICA.	*¡Oh, feliz el que emplea bien su talento!*

Sale la GULA, *de ciego, y la* CULPA, *de mozo, con estampas*

MUNDO.	¿Quién eres tú, que en vano solicito conocerte?
GULA.	Yo soy el Apetito

del hombre; ciego voy, porque, aunque enfrente
le tenga, jamás vi el inconveniente.

CULPA. Y por eso le guío
yo, que de los peligros le desvío.

MUNDO. ¿Qué es tu caudal?

GULA.   Pinturas, que, pintadas,
todas mis glorias son imaginadas,
porque tanto apetece
el hombre, el Apetito se lo ofrece,
trayendo a su memoria los empleos
de gusto, de manjares y deseos.

Sale la PENITENCIA *con saco y cilicios*

MUNDO. ¿Tú quién eres, que aflige tu presencia.
pálida y triste?

PENITENCIA.   Soy la Penitencia.

MUNDO. ¿Y qué ferias?

PENITENCIA.   Piadosos ejercicios
de ayunos, disciplinas y cilicios.

CULPA. Buena mercadería.

PENITENCIA. ¿Dirá el fin si lo es la tuya o mía?

GULA. Cuando a escucharte llego,
por no verte me alegro de ser ciego.

PENITENCIA. Pues si tú a mí me vieras,
conocimiento, no apetito fueras.

CULPA. ¡Ah, Señor! Viejo honrado,
lleve usaced sus tratos al Mercado
sin baldonar los pobres y afligidos,
pues que todos estamos mal vestidos.

DESENGAÑO. Pues, mozuelo indiscreto,
¿quién a vos mete en eso?

CULPA.   Yo me meto,
que es mi amo, y si aplico
a los dos el cuchillo haré...

GULA.   ¿Perico?

MUNDO. Teneos.

CULPA.   Sí haré, pues no puede mi daño
                         el quebrar el espejo al Desengaño.
GULA.   ¡Ah muchacho!
CULPA.   Aquí estoy.
GULA.   Quieto.
CULPA.   Sí, digo.
GULA.   Pienso que el diablo me metió contigo,
                         ponme en buen puesto.
MÚSICA.   *¡Oh, feliz quien emplea bien su talento!*
MUNDO.   ¿Vos quién sois?

                    Sale la HEREJÍA *con libros*

HEREJÍA.   La Herejía.
MUNDO.   ¿Qué es eso?
HEREJÍA.   Ciencias son, la ciencia mía,
                         libros de mis doctísimos varones,
                         llenos todos de varias opiniones.
MUNDO.   ¿Pues quién es la que ciega también llega
                         al Mercado?
FE.   *(Saliendo.)* La Fe, que la Fe es ciega.
HEREJÍA.   ¿Quién te guíe no traes?
FE.   No; que aunque quedo
                         yo sin vista, el camino errar no puedo.
HEREJÍA.   ¿Qué es eso?
FE.   '   Carne y sangre.
HEREJÍA.   ¿De qué suerte,
                         si es Vino y Pan lo que mi vista advierte?
FE.   Creyendo que este Pan sacramentado
                         en Carne y Sangre está transubstanciado,
                         porque cinco palabras excelentes
                         sólo dejan de Pan los accidentes,
                         no de Pan la sustancia.
HEREJÍA.   No lo creo.
MÚSICA.   *¡Oh, feliz del que emplea bien su talento!*
MUNDO.   Ya esta parte de la plaza
                         poblada de gente veo

con varias mercaderías,
todos tomando sus puestos.
A acomodar los demás
que ahora fueren viniendo
quiero acudir a otra parte.
¡Oh cuánto me desvanezco
de ver los triunfos que gozo
y los vasallos que tengo!
Poderosos mercaderes
del mundo, poneos los precios
vosotros mismos a todos
los grandes caudales vuestros,
y ved que en la plaza ya
vienen entrando los Genios,
que son las inclinaciones,
que tienen malos y buenos;
hijos del género humano,
llamadlos todos, haciendo
de lo que vendéis alarde
para que se inclinen ellos
a comprar, puesto que viene
cada uno con su talento;
y advertid que aunque haya sido
talento moneda, es cierto
que en aquesta alegoría
se habla del alma, haciendo
de él moneda imaginaria.[7]
Perdonad, doctos ingenios,
la advertencia, que yo hablo
a mayor abundamiento.   (Vase.)

CORO 1.º   *Forasteros, llegad, llegad,*
             que aquí contentos
             y gustos están.

CORO 2.º   *Forasteros, venid, venid,*
             que están las fatigas
             y penas aquí.

7 Véase nota 1, pág. 79.

Salen el BUEN GENIO *y la* INOCENCIA, *por una parte,*
y por la otra, el MAL GENIO *y la* MALICIA

BUEN GENIO.   ¡Qué hermosa que está la plaza
               del Mundo, Inocencia!
INOCENCIA.   Cierto
               que parece un paraíso.
MAL GENIO.   ¿Viste tan raros objetos,
               Malicia, otra vez?
MALICIA.   Sí, vi.
               pero fue en mi pensamiento.
MAL GENIO.   Un amor me trajo al Mundo;
               mas ya son dos los que tengo,
               que después que vi a Lascivia
               poco de Gracia me acuerdo.
BUEN GENIO.   Antes que compremos algo,
               la vuelta a la plaza demos.
MALICIA.   Ven, y veámoslo todo
               antes que nada compremos.
SOBERBIA.   Llevad galas, llevad plumas.
HUMILDAD.   Llevad sayales groseros.
LASCIVIA.   Flores doy bellas y hermosas.
DESENGAÑO.   Yo desengaños ofrezco.
GULA.   En imágenes pintadas
               los deleites represento.
CULPA.   ¡Ea, caballeros, lleven
               de aquí varios pensamientos!
PENITENCIA.   Llevad mortificaciones
               para que podáis vencerlos.
HEREJÍA.   Libros de opiniones doctas
               os daré a barato precio.
FE.   Yo este Pan, que es Carne y Sangre,
               dulce e inmortal sustento.
CORO 1.º   *Forasteros, llegad, llegad,*
               que aquí los contentos y gustos están.
CORO 2.º   *Forasteros, venid, venid,*
               que están las fatigas y penas aquí.

CULPA.   Yo no puedo estar parado;
              esperadme aquí, que quiero
              ir a buscar otro engaño,
              con cuyo disfraz pretendo
              hallarme en todo.

GULA.   Perico,
              ¿dónde vas?

CULPA.   A punto vuelvo.   *(Vase.)*

BUEN GENIO.   Ya Inocencia, habemos visto
              cuanto se vende.

INOCENCIA.   Y confieso
              que en mi vida me ha pesado
              si no es ahora de serlo.

BUEN GENIO.   ¿Por qué?

INOCENCIA.   Porque la Inocencia,
              como no tiene talento
              que gastar, no compra nada.

MAL GENIO.   Malicia, de todo esto,
              ¿qué es lo que más te agradó?

MALICIA.   De todo hay, de malo y bueno.
              Esta parte tiene más
              riquezas.

MAL GENIO.   Eso es lo mesmo
              que me ha parecido.

BUEN GENIO.   Ven
              por aquí.

INOCENCIA.   ¿Pues a qué efecto,
              si aquí no se vende nada
              de placer?

BUEN GENIO.   Porque me llevo
              tanto de mi inclinación
              en amor cuanto el desprecio
              del Mundo, que en su Mercado
              sólo han de ser mis empleos
              las miserias de la vida.

INOCENCIA.   ¿No tratas casarte?

BUEN GENIO.   Es cierto.

INOCENCIA.   Pues, ¿qué más miserias quieres?
                Mas dejando el vil concepto,
                lleva galas a tu esposa,
                joyas, tocados y aseos,
                que no hay ninguna que no
                se huelgue.

BUEN GENIO.   Por tu consejo
                de aquella tela, a la Gracia
                llevar un vestido quiero.

MALICIA.   A la tienda que tú vas,
                llegó tu hermano primero.

MAL GENIO.   Pues veamos lo que compra
                desde aquí.

                Sale la CULPA, *de galán*

CULPA.   A buen tiempo llego,
                que el Buen Genio está en la tienda
                de la Soberbia, que espero
                que no voy a hacer que de ella
                no salga sin que primero
                la compre algo.

BUEN GENIO.   Esta me agrada.

SOBERBIA.   Pues no os desagrade el precio.

CULPA.   Yo terciaré en que sea poco.

BUEN GENIO.   ¿Qué os va a vos en eso?

CULPA.   Ser corredor de esta tienda.

BUEN GENIO.   Sin vos nos concertaremos.

CULPA.   No es posible.

BUEN GENIO.   ¿Qué queréis
                por ella?

SOBERBIA.   Un pensamiento
                de soberbia y vanidad,
                presumir que sois perfecto
                en todas vuestras acciones
                y que no puede haber yerro
                en vos.

CULPA.	Es de balde.
BUEN GENIO.	Pues
	guárdala que no la quiero.
SOBERBIA.	¿Por qué?
BUEN GENIO.	Porque yo conozco
	de mí que nada merezco.
CULPA.	Volved acá.
MAL GENIO.	No la guardes,
	que yo la tomo en el precio;
	y las plumas, ¿cuánto son?
SOBERBIA.	Otro desvanecimiento.
BUEN GENIO.	No la compres, que es, hermano,
	el propio conocimiento
	la mejor joya del alma.
MAL GENIO.	No es menester tu consejo.
	Por estas plumas y telas
	doy, vano, altivo y soberbio,
	conocer de mí, que sólo
	ponérmelas yo merezco.
SOBERBIA.	Vuestro es, y pues despaché
	mi mejor caudal con esto,
	celebre a voces mi bando
	el buen marchante que tengo.
MÚSICA.	*Sea norabuena,*
	norabuena sea,
	vestir galas y plumas
	de la Soberbia.
MAL GENIO.	Toma y llévalas, Malicia.
CULPA.	Gran ocasión perdí; pero
	otras habrá; tras él voy,
	aunque a esotro deje, puesto
	que importa más a la Culpa
	que sea malo el que es bueno
	que no que sea peor
	el que fue malo, que aquesto
	sin diligencia se hace.

BUEN GENIO.	En tu vida otro consejo,
	Inocencia, me has de dar.
INOCENCIA.	Ya sabes que soy un necio.
BUEN GENIO.	¿Vos no tenéis telas?
HUMILDAD.	Sí;
	mas son sayales groseros.
BUEN GENIO.	Esos son los que yo busco.
INOCENCIA.	Pues, ¿para qué quieres ésos?
BUEN GENIO.	Para vestir a mi esposa.
INOCENCIA.	De buen espolín,[8] por cierto.
CULPA.	Yo haré que os den más barata
	otra tela allí.
BUEN GENIO.	No quiero
	nada yo por vuestra mano.
	¿Qué pedís por todos éstos?
HUMILDAD.	Sólo un acto de humildad.
BUEN GENIO.	Decidme cual, que yo ofrezco
	obedeceros.
HUMILDAD.	A mí
	me basta ese rendimiento,
	porque ofrecer obediencia
	es de este sayal aprecio. *(Vase.)*
BUEN GENIO.	Toma, Inocencia.
CULPA.	Esa gala,
	más que de boda, es de entierro.
BUEN GENIO.	No por eso es peor buscar
	vivo lo que sirve muerto.
INOCENCIA.	Tela es pasada, pues tiene
	lo mismo fuera que dentro.
MÚSICA.	*Norabuena, sea,*
	sea norabuena,
	de Humildad vestiros
	las pobres telas.
MALICIA.	Un sayal compró tu hermano.
MAL GENIO.	Buena gala. Allí un espejo

8 *espolín:* tela de seda entretejida con flores.

se vende, curiosa alhaja
de una dama.

MALICIA.   Verle quiero.

CULPA.   Al otro bando se pasa
el que ya en mi poder tengo;
mas si al que perdí no gano,
¿qué haré, si al que gano pierdo?

MAL GENIO.   ¿Qué quieres por este hermoso
limpio cristal?

DESENGAÑO.   Un acuerdo
de la muerte.

MAL GENIO.   ¿De la muerte?

DESENGAÑO. Sí.

CULPA.   Mozo sois, ahora es presto,
para esta memoria.

MAL GENIO.   Bien
me aconsejáis, caballero,
guardadle.

BUEN GENIO.   No lo guardéis,
que yo le tomo en el precio.

CULPA.   ¿Lo que otro deja lleváis?

BUEN GENIO. ¿No lleva él lo que yo dejo?

DESENGAÑO. Tomadlo, miraos en él
y pagaréisme.   *(Vase.)*

BUEN GENIO.   Ya veo
al cristal del Desengaño,
que soy polvo, nada y viento;
toma, Inocencia.

INOCENCIA.   ¡Jesús!
¡Qué maldita cara tengo!

MÚSICA.   *Sea norabuena,*
norabuena sea,
conocer a ese espejo
las faltas vuestras.

CULPA.   ¡Ay de mí!, qué vanamente
en este Mercado intento,
haciéndome corredor

	desperdiciar el talento,

            desperdiciar el talento,
            pues con Lascivia y Soberbia
            igual, hacerle no puedo
            pecar; con la Hipocresía
            tengo que ver si le venzo.   *(Vase.)*

MAL GENIO.   Ya que el espejo no compro
            llevar un tocado quiero.
            Dadme, hermosa, vuestras flores,
            matices y adornos bellos
            he menester para una
            dama que adoro y pretendo,
            harto parecida a vos.

LASCIVIA.   Yo a cuanto se ama parezco,
            y por sola una lisonja
            la llevaréis.

MAL GENIO.   No me atrevo
            a pronunciarla, que cuanto
            en el más rendido afecto,
            en la más postrera fe
            diga el encarecimiento,
            será verdad, no lisonja.

LASCIVIA.   Aquesa lo es ya, y no puedo
            negar los bellos matices,
            que son aplausos de viento.   *(Vase.)*

MÚSICA.   *Sea norabuena,*
            norabuena sea,
            que os ofrezca sus flores
            la Primavera.

BUEN GENIO.   ¿Qué vendéis vos?

PENITENCIA.   Yo, miserias,
            llantos, penas, desconsuelos,
            cilicios y disciplinas.

BUEN GENIO.   ¿Pues quién sois?

PENITENCIA.   El Sacramento
            de la Penitencia soy.

BUEN GENIO.   Huélgome de conoceros.

INOCENCIA.   Yo no. ¿Qué miras?

BUEN GENIO.   Sus joyas.
INOCENCIA.   ¿Ésas son joyas?
BUEN GENIO.   ¡Qué necio!
                ¿Hay otras de más valor?
INOCENCIA.   Muchas. Si no, preguntemos
                a estas damas qué querrán
                más que las dé un caballero:
                unos canelones[9] duros
                o unos canelones tiernos,
                un cilicio o unas martas,
                un ayuno o un almuerzo,
                un ermitaño o un sastre.
                ¿Qué quieres por todo esto?
PENITENCIA.   Una confesión vocal,
                con un arrepentimiento.
BUEN GENIO.   Mis culpas confieso a voces.
PENITENCIA.   Pues tomad que todo es vuestro.
MÚSICA.   *Sea norabuena,*
                norabuena sea
                daros sus auxilios
                la Penitencia.
MAL GENIO.   Vos, ¿qué vendéis?
GULA.   Las ideas
                que dibuja el Pensamiento,
                despertando al Apetito
                para gustos y contentos.
MAL GENIO.   No os las compro, porque yo
                siempre le tuve despierto.

                Sale la CULPA, *de pobre*

CULPA.   Dad una limosna, ya
                que nada compráis.
MAL GENIO.   No quiero,

9 *canelones:* labor de pasamanería.

	que mendigos holgazanes
	lo sean con mi dinero.
CULPA.	Si supieras quién soy yo *(aparte)*
	harto me dabas en ello.
	Caballero, pues vos *sois* *(al* BUEN GENIO.*)*
	tan piadoso, justo y cuerdo,

CULPA.   Si supieras quién soy yo   *(aparte)*
                    harto me dabas en ello.
                    Caballero, pues vos *sois*   *(al* BUEN GENIO.*)*
                    tan piadoso, justo y cuerdo,
                    que en el mercado del Mundo
                    hacéis del oro desprecio,
                    y compráis pobres alhajas,
                    dad limosna a un pobre ciego.

BUEN GENIO.   En mí hay caridad, tomad.

CULPA.   No negaréis por lo menos
               que ya no me has dado parte
               del talento.

BUEN GENIO.   Sí haré, puesto
               que no te le he dado a ti.

CULPA.   Pues ¿a quién?

BUEN GENIO.   Al sentimiento
               de verte necesitado,
               que es Dios tan piadoso y recto,
               que aun lo que se da a la Culpa
               del hombre, que va pidiendo
               sin necesidad, lo pone
               a cuenta suya, diciendo
               que es por quien se da, y no en quien
               consiste el merecimiento.

CULPA.   Tercera vez me venciste.

GULA.   No desesperes tan presto.
               Culpa, que si yo me quito
               los atributos de ciego,
               siendo Gula y Apetito,
               placer seré.

CULPA.   Pues ven presto,
               vea el cielo que le quedan
               más lides en que vencernos.   *(Vanse.)*

MAL GENIO.   ¿Qué vendéis vos?

FE.   Este Pan
    y este Vino.

MAL GENIO.   No os lo merco,
    que en la casa de la Gula
    como esos manjares tengo.

FE.   No me espanto, que no vienes
    por el camino derecho,
    puesto que a la Penitencia
    nada feriaste primero.

BUEN GENIO. ¿Qué vendéis vos?

HEREJÍA.   Estos libros.

BUEN GENIO. ¿De quién?

HEREJÍA.   De grandes ingenios
    herejes sacramentarios.

BUEN GENIO. Facultad es que no entiendo
    ni quiero entenderla.

MAL GENIO.   Yo
    de todas saber me huelgo.

BUEN GENIO. Yo creer sin saber.

MAL GENIO.   Pues
    troquemos lugar.

BUEN GENIO.   Troquemos.

MALICIA. Bravos trastos, Inocencia,
    llevas.

INOCENCIA. Es mi amo un necio.

BUEN GENIO. ¿Qué Pan, bella dama, es éste?

FE.   Pan que descendió del cielo:
    Pan de ángeles.

MAL GENIO.   ¿Qué autores
    éstos son?

HEREJÍA.   Calvino y Lutero.

BUEN GENIO. ¿Cómo es Pan del cielo?

FE.   Como
    es el cuerpo de Dios mesmo.

MAL GENIO. ¿De qué trata este autor?

HEREJÍA.   Éste
    afirma que todo cuerpo

                    ocupar debe lugar,
                    y que no es posible aquello
                    de que esté el Cuerpo de Dios
                    en el blanco Pan, supuesto
                    que en él no ocupa lugar.

FE.   El cuerpo extenso, concedo;
                    el Cuerpo que está con modo
                    indivisible, eso niego;
                    y así está el Cuerpo de Cristo
                    en el Pan del Sacramento,
                    con el modo indivisible,
                    y declárame un ejemplo:
                    el alma de un hombre, ocupa
                    todo un hombre, sin que demos
                    lugar dónde esté, pues queda
                    tan cabal, después de muerto,
                    la cantidad, como estaba
                    antes que muriese; luego,
                    sin ocupar lugar, puede
                    Dios estar en ese velo,
                    y estar o no estar le hace
                    ser Pan vivo o ser Pan muerto.

HEREJÍA.   Yo lo niego.
FE.   Yo lo afirmo.
MAL GENIO.   Yo lo dudo.
BUEN GENIO.   Yo lo creo.
MALICIA.   Yo, ni lo afirmo ni lo dudo.
INOCENCIA.   Yo, ni lo sé ni lo entiendo.
BUEN GENIO.   ¿Qué vino es éste?
FE.   Es la Sangre
                    de Dios, en cuyo alimento
                    se cobra la vida eterna.
MAL GENIO.   ¿Y éste?
HEREJÍA.   Si Sangre es veneno,
                    dice, que ¿cómo da vida?
BUEN GENIO.   ¿Pues qué respondes?
FE.   Que siendo

      la Sangre humana de Cristo
      divina también, por serlo
      con divinidad, da vida,
      porque es fuerza poder menos
      lo humano que lo divino,
      hallándose en un supuesto.

EREJÍA.   Yo lo niego.

          Yo lo afirmo.

AL GENIO. Yo lo dudo.

UEN GENIO.   Yo lo creo.

ALICIA.   Lo dicho, dicho, Inocencia.

OCENCIA. Malicia, lo hecho, hecho.

AL GENIO. Y éste, ¿de qué trata?

EREJÍA.   Éste
      dice que justos preceptos
      vedan comer carne humana,
      por ser terrible y cruento
      manjar para el hombre.

            Y son
      divinos preceptos; pero
      la carne humana de Cristo
      divinizada la vemos
      por la hipostática unión,[10]
      sacramentada de él mesmo
      voluntariamente, y no
      es sacrificio cruento,
      sino incruento y piadoso,
      pues todo el horror y el miedo
      de carne humana quitó
      la Gracia del Sacramento.

UEN GENIO. No digas más, que si es
      Pan de Gracia, yo pretendo
      por este Pan y este Vino
      daros todo mi talento.

---

10 *hipostática unión:* unión de las naturalezas humana y divina en Jesusto.

FE.	Aunque yo le doy de balde,
	tú no le pagas con menos;
	toma, y llévale contigo,
	que tuyo será.
MAL GENIO.	Supuesto
	que a la Gracia convencer
	puedo con los argumentos
	de estos libros, y para ella
	los he de llevar, yo ofrezco
	por ellos cuanto quedó
	del caudal de mi talento.
HEREJÍA.	Llevadlos, que ha de elegirlos,
	cuando no de amor, de miedo,
	y diga toda la tierra:
FE.	Y repare todo el cielo.
MÚSICA.	*Sea norabuena,*
	norabuena sea,
UN CORO.	*Darnos la herejía*
	todas las ciencias.
OTRO CORO.	*Que ese Pan de Gracia*
	la Fe conceda.
MAL GENIO.	Ya tu talento has gastado.
BUEN GENIO.	Y en el más divino precio.
MAL GENIO.	Yo también.
MALICIA.	Notables cosas
	llevas Inocencia.
INOCENCIA.	Pienso
	que en viendo lo que llevamos
	nos mata a palos el viejo.
MAL GENIO.	Volvamos juntos ahora,
	porque quiero irme rïendo
	de ver las cosas que sacas
	del Mundo.
BUEN GENIO.	Ahora no quiero
	yo tu comunicación,
	que aquestos libros trayendo,
	tener no puedo contigo

conversación ni comercio;
y así, mira qué camino
has de llevar, porque quiero
llevar de ti el más distante.

MAL GENIO.	Yo por lo llano me vuelvo,
que en la venta de la Gula
viandas y comidas dejo
pagadas para el camino,
y ver a Lascivia quiero,
para darle algunas joyas
de las muchas que aquí llevo.
Yo, sin tocar en su venta
volveré por el desierto.

MAL GENIO.	Pues, adiós.
BUEN GENIO.	 Adiós.

Salen la CULPA *y la* GULA, *de gitanos*

GULA.	 No vais
sin que me escuchéis primero
lo que os digo alegremente
al son de los instrumentos. *(Bailan y zapatean.)*

MÚSICA.	*Canarios a bona,*
arrofaifá, [11]
si mi padre lo sabe
matarme ha.

GULA.	Yo soy el placer, gitano
de los sentidos, pues puedo
robarlos con mis bebidas;
tan tarde al Mercado vengo
porque como soy Placer,
vengo tarde y me voy presto;
un caballo y un esclavo
para que os volváis os vendo;
el caballo es tan veloz,

---

11 *arrofaifá:* palabra sin sentido de las canciones populares de la época.

que es el mismo pensamiento,
y el esclavo este muchacho,
despejado, alegre y suelto.
¡Ea, Perico, otra vüelta
por aquestos caballeros!

MÚSICA.   *Canario a bona, etc.*

BUEN GENIO.   Tal deseo de volver
a vista de Gracia tengo,
que yo os comprara el caballo,
mas no me queda dinero,
que por este Pan de Gracia
he dado todo el talento.

GULA.   Yo os lo fiaré, que ya sé
quién sois, y acudiré luego
a cobrar a vos.

BUEN GENIO.   ¿Y cuánto
pedís por él?

GULA.   No pretendo
más de que me le paguéis,
como os hallareis, supuesto
que es Pensamiento, en que puede
saliros o malo o bueno.

BUEN GENIO.   Con aquesa condición
yo le tomo.

GULA.   Pues poneos
en él: allí está, y partid.

BUEN GENIO.   Aqueso no, que primero
le he de enfrenar de mi mano,
poniéndole rienda y freno
de obediencia, porque sólo
para tenerle sujeto,
compraré al Placer, fiado,
el bruto del Pensamiento.   *(Vase.)*

CULPA.   Aun comprándonos nos vence
la inclinación del Buen Genio.

MAL GENIO.   ¿Por qué vendéis el esclavo?

GULA.	Por necesidad que tengo
	de que vos os lo llevéis.
MAL GENIO.	Sí haré, como hagáis lo mesmo
	de fiármele.
GULA.	Sí fío;
	pero a él no, que yo le vendo
	con tachas buenas y malas.
MAL GENIO.	Y yo con ellas lo merco.
CULPA.	Aunque vendido me vea
	alegre estoy y contento
	con el dueño que me has dado,
	pues así tener pretendo
	en réprobos y elegidos
	jurisdicción con el cielo,
	en fe de cuya alegría
	a cantar y bailar vuelvo.
MÚSICA.	*Canario a bona, etc.*
GULA.	Pues de los dos a cobrar
	he de ir, os iré sirviendo.
MAL GENIO.	Yo, por llevaros conmigo
	hasta mi casa, me huelgo.
MALICIA.	Sí, que del Mundo no hay más
	que llevar sino el contento.
MÚSICA.	*Canario a bona, etc.*
	(Vanse cantando y bailando.)

Salen la GRACIA *y el* PADRE DE FAMILIAS

GRACIA.	Grande es tu cuidado.
PADRE DE F.	Sí,
	que ausentes mis hijos tengo,
	y a este monte voy y vengo,
	por si puedo desde aquí,
	descubriendo los caminos
	de la vida humana, ver
	señas de llanto y placer.
GRACIA.	Ellos fueron peregrinos

	al Mundo, y que volverán
	no dudes, viendo empleados
	los talentos heredados,
	pues por mí a la feria van.
PADRE DE F.	¡Ay, Gracia hermosa!, que ha habido
	mucho que temer, porque
	aunque tu hermosura fue
	lo que ambos han pretendido,
	los modos de pretenderla
	en los genios se difieren,
	que todos la Gracia quieren
	y pocos saben quererla.
	Pregunta al más pecador
	si tener Gracia querrá,
	dirá que sí (claro está);
	pero ciego de su error,
	no te sabe merecer,
	que aunque tú les des favores,
	son tales los pecadores
	que te quieren sin querer.
GRACIA.	Por aquella parte, que
	en su aspereza este monte
	embaraza el horizonte,
	en un caballo se ve
	un hombre.
PADRE DE F.	¡Ay de mí!, que ha sido
	su pensamiento, y caerá
	desde sus cumbres, si ya
	no le trae bien corregido.
GRACIA.	Por esotro hermoso llano
	músicas y danzas vienen.
	(Suena música y ruido.)
PADRE DE F.	Si son mis hijos, bien tienen
	hoy que llorar (y no en vano)
	mis ojos, pues por el viento
	corre ciego cada uno,

	en sus deidades el uno
	y el otro en su pensamiento.
EN GENIO.	*(Dentro.)* No me has de arrojar de ti,
	monstruo de soberbia lleno,
	pues de la obediencia el freno
	te trae seguro.
.	*(Dentro.)* Y aquí
	las virtudes te valemos,
	de quien del Mundo sacaste
	los méritos que feriaste.
RACIA.	Ya socorrido le vemos
	de gente, que el monte arriba
	trepa a ayudarle, no en vano.
ÚSICA.	*El grande género humano,*
	Padre de Familias, viva.

Salen, por diferentes partes, el BUEN GENIO, *la* INOCENCIA,
la FE *y las* VIRTUDES, *y por el otro, el* MAL GENIO, *la* GULA
y la CULPA *y llegan al* PADRE DE FAMILIAS *en reverencia*

EN GENIO.	Dame tu mano a besar.
DRE DE F.	Ni a uno ni a otro, hasta ver
	a quién se la debo dar.
AL GENIO.	A mí, que traigo empleado
	de mi talento y tesoro
	en telas y en piezas de oro
	y flores para el tocado
	de Gracia, que éstas y aquéllas
	dan soberbia y hermosura,
	porque en su belleza pura,
	que es cielo, sirvan de estrellas.
	Libros traigo, porque sé
	que es gran ciencia la Herejía;
	del placer y la alegría
	los músicos, para que
	esa belleza que alabo
	celebren a cualquier hora

como ave a la aurora,
y al contento por mi esclavo.
Tráigote dulces manjares
y bebidas que me dio
la Gula.

PADRE DE F.   ¿Tú qué traes?
BUEN GENIO.   Yo,
llantos, miserias, pesares,
pobres telas peregrinas
de que la Humildad se viste;
de la Penitencia triste,
cilicios y disciplinas;
no traigo sonora voz,
sino el suspiro y lamento,
y domado el Pensamiento,
bruto que corrió veloz.
Tráigote del Desengaño
de la vida este cristal,
donde se ve el bien y el mal;
para evitarte del daño
que en esos libros se ve
y no pueden ofendella,
traigo para Gracia bella
aqueste Pan de la Fe.

PADRE DE F.   Dame los brazos, que tú
eres mejor hijo, al fin:
tú eres mi Abel; tú, Caín;
tú, mi Jacob; tú, Esaú.
Y pues tú solo has logrado
el talento que te di
tú eres mi heredero. A ti   (al MAL GENIO),
maldito y desheredado
te dejo; ingrato, jamás
parte tendrás de mi herencia;
en tormento e impaciencia
eternamente serás
aborrecido de Dios;

las puertas te cerraré
de mi casa, y para que
premio y castigo a los dos
muestre mi justicia igual,
da la mano, Gracia, a quien
yendo donde hay mal y bien,
trajo el bien y dejó el mal.

MAL GENIO.   ¡Ay infelice de mí,
que jamás hallar intento
consuelo, pues el talento
que me entregaron perdí!

GRACIA.   Cuando tú no me trajeras
más que aqueste Pan que adoro,
es el más rico tesoro
con que obligarme pudieras.

(Al tiempo que va el PADRE *diciendo los versos
que siguen, se descubre un trono y siéntanse los
dos y las* VIRTUDES, *quedando el* PADRE *en
medio.)*

PADRE DE F.   Llega a mis brazos y ven
a este troño celestial,
pues entre el bien y entre el mal
acertaste con el bien.
En él te acompañaremos
yo y tu esposa, Gracia bella,
que es del cielo hermosa estrella,
en cuyos claros extremos,
en precio de tu talento,
goces del bien celestial.   *(Siéntase.)*

MAL GENIO.   ¡Ay infeliz de mi mal,
que jamás hallar intento
consuelo, pues el talento
que me entregaron perdí,
y como al viento le di,
todo es sombra, todo es viento!
¿Y solamente ha quedado
conmigo este esclavo aquí?

CULPA.   Sí, que yo tu Culpa fui
                y siempre te he acompañado:
                cuando con la Gula hablaste,
                allí estuve yo incitando;
                allí estuve también cuando
                a la Lascivia adoraste;
                allí estuve cuando diste
                a la Soberbia el talento;
                y allí, cuando al Sacramento
                ni adoraste ni creíste;
                allí, cuando por esclavo
                me compraste, y el Placer
                te acompañó, porque a ver
                llegues de tu vida el cabo;
                y así, hoy conmigo ven.

PADRE DE F.   Y tú al abismo infernal
                (al MAL GENIO.)
                pues hallando el bien y el mal,
                traes el mal, dejas el bien.
                En cuyos ejemplos fundo
                las glorias del Sacramento,
                de los Genios el talento
                y el Gran Mercado del Mundo.

                (Al principio de estos versos se abre un escotillón y
                    salen llamas de fuego y se hunden el MAL GE-
                    NIO y la CULPA abrazados como estaban, y los
                    cuatro últimos versos los repite la música, y el
                    trono se eleva y se tocan chirimías y otros ins-
                    trumentos, con que se da fin al auto.)

ÍNDICE